La Roche/Maaßen · Massenmedien

Heidelberger Wegweiser

Massenmedien

Fakten – Formen – Funktionen in der Bundesrepublik Deutschland

von

Walther von La Roche

und

Ludwig Maaßen

CFM

C. F. Müller Juristischer Verlag
Heidelberg 1983

Bildnachweis: Gutenberg Museum Mainz: S. 37; dpa: S. 39, 40; Georg Neumann GmbH, Berlin: S. 68; Süddeutscher Verlag: S. 105; Klaus Staeck, Heidelberg: S. 114

CIP-Kurztitelaufnahme der Deutschen Bibliothek

La Roche, Walther von:
Massenmedien: Fakten – Formen – Funktionen in d. Bundesrepublik Deutschland / von Walther von La Roche u. Ludwig Maaßen. – Karlsruhe; Heidelberg: Müller, Juristischer Verl.: 1983.
(Heidelberger Wegweiser)
ISBN 3-8114-2183-2

NE: Maaßen, Ludwig:

Satz: Mitterweger Werksatz GmbH, Plankstadt
Druck: Beltz Offsetdruck, Hemsbach

ISBN 3-8114-2183-2

Inhalt

Einleitung

Medien sind Vermittler; so kann man das aus dem Lateinischen kommende Wort medium übersetzen. Übersinnlich begabte Frauen scheinen als Medien Botschaften aus dem Jenseits zu vermitteln, Urlaubsdias vermitteln den Daheimgebliebenen Eindrücke von einer Reise, und das Telefon vermittelt Liebesgeflüster auch über große Entfernungen hinweg. Diese Vermittler von Inhalten (und noch viele andere) sind also Medien. – Massenmedien aber sind sie nicht.

Ein Unterschied: Medien

Als Besonderheit der Massenmedien wird angesehen, daß sie

oder Massenmedien

- zunächst nur in einer Richtung wirken, nämlich der vom Sender zum Empfänger;
- sich an eine „Masse" richten, an ein nach Zusammensetzung und Anzahl unbestimmtes Publikum (wer z.B. gerade Nachrichten hört oder eine Illustrierte liest), das nicht an einem Ort (z.B. in einem Theater) versammelt, sondern verstreut ist;
- nur auf indirektem Weg, nämlich durch technische Hilfsmittel (Rotationsdruck, Funkwellen, Radioapparate, Kamera u.v.a.) wirken können.

Das Phänomen der Massenmedien kann man sich auch an einem Beispiel vor Augen halten: Ein Schauspieler müßte in einem normalen Stadttheater praktisch sein ganzes Berufsleben lang jeden Abend auftreten, wollte er von ebenso vielen Menschen gesehen werden wie bei einem einzigen Fernsehauftritt.

Zeitung, Zeitschrift, Radio, Fernsehen und Film sind die Massenmedien, an die jeder zuerst denkt. Aber „sendet" nicht auch das Buch die Botschaft des Autors an jeden, der es zur Hand nimmt? Und wie ist es mit Schallplatten, mit Musik- und Videokassetten, mit Groschenheften und Plakaten? Sie alle sind Massenmedien, und darum werden wir uns auch mit ihnen beschäftigen.

Fischer Lexikon Publizistik, Frankfurt am Main 1971.
Werner Höfer (Hrsg.), Was sind Medien? Schlagworte wörtlich. Aktuelle Bürgerkunde, Percha 1981.
Kurt Koszyk/Karl Hugo Pruys, Handbuch der Massenkommunikation, München 1981.
Hermann Meyn, Massenmedien in der Bundesrepublik Deutschland. Überarbeitete Neuauflage, Berlin 1979.
Politische Kommunikation, Eine Einführung, Berlin 1976.
Renate Wenk, Die deutsche Medienlandschaft, München 1977.

1 Die Massenmedien im politischen System der Bundesrepublik Deutschland

Jede Gesellschaftsordnung weist ihren Massenmedien eine bestimmte Rolle zu und legt die Grenzen fest, innerhalb derer sie sich bewegen können bzw. zu bewegen haben. Dabei gibt es prinzipiell zwei theoretische Modelle:

Massenmedien in totalitären Staaten

In totalitären Regierungssystemen sind die Massenmedien Teil des Staates im engeren Sinn bzw. diesem zugeordnet und haben die Aufgabe, die Bevölkerung im Einvernehmen mit der Staatsleitung mit Informationen zu versorgen.

Massenmedien in pluralistischen Staaten

In pluralistischen Gesellschaftssystemen sind die Massenmedien vom Staat unabhängig, sie bilden sogar einen gewissen Gegenpol zur staatlichen Herrschaft. Man könnte sagen: Hier haben die Massenmedien nicht wie im ersten Modell die Lösungen für das politische Leben zu *ver*mitteln, sondern zu *er*mitteln, zumindest sind sie am Prozeß der freien Information und Diskussion wesentlich beteiligt.

Zwar kommen diese Modelle in der Praxis nicht in „Reinform" vor; an ihnen lassen sich jedoch einige wichtige Aspekte zum Verhältnis zwischen Obrigkeit und Massenmedien aufzeigen.

1.1 Die Aufgaben der Massenmedien

Über die politischen Funktionen der Massenmedien in der Bundesrepublik Deutschland gibt es unterschiedliche Auffassungen. Die Autoren der einschlägigen wissenschaftlichen Veröffentlichungen führen drei oder vier Funktionen an:

Informationsfunktion: Die Massenmedien haben die Aufgabe, den Staatsbürger über das politische

Geschehen, Institutionen (Parlament, Regierung, Parteien, Interessengruppen), Fakten und handelnde Personen zu informieren, damit der Einzelne in die Lage versetzt wird, sich über die allgemein wichtigen Vorgänge in Staat und Gesellschaft ein Bild zu machen. Dies ist Grundvoraussetzung für seine Teilnahme am öffentlichen Leben, ganz gleich, ob sie sich auf die Abgabe seiner Stimme bei Wahlen beschränkt oder ob er aktiv mitarbeitet in Parteien, Bürgerinitiativen usw. Mit dieser Aufgabe wirken die Massenmedien an der Bildung der öffentlichen Meinung mit.

Information des Bürgers

Forum des Gedankenaustauschs

Artikulierfunktion: Die Massenmedien sind gewissermaßen das Sprachrohr der Bevölkerung gegenüber Regierung und Verwaltung. Sie sollen die Wünsche des Volkes formulieren und den gewählten Repräsentanten zutragen. Darüber hinaus bilden sie ein Forum für den Gedankenaustausch der ganzen Gesellschaft, deren Vorstellungen sie beschreiben und zur Diskussion stellen.

Kritik- und Kontrollfunktion: Diese Aufgabe ist eine Spezifizierung der Artikulierfunktion. Stellvertretend für die Bevölkerung sind die Massenmedien – so die Theorie – Wortführer und Treuhänder der öffentlichen Meinung, indem sie Regierung, Verwaltung, Rechtsprechung, Einrichtungen von öffentlicher Bedeutung und die zuständigen Verantwortlichen kritisieren. Von der Veröffentlichung dieser Kritik verspricht man sich eine Kontrollwirkung. Manche Wissenschaftler nennen die Massenmedien im allgemeinen und die politische Presse im besonderen in diesem Zusammenhang sogar „vierte Gewalt" im Staat, neben gesetzgebender, exekutiver und richterlicher Gewalt.

Kontrolle der Mächtigen

Erziehungsfunktion: Nach Auffassung einiger Wissenschaftler haben die Massenmedien auch eine Belehrungs- und Erziehungsaufgabe. Sie sollen den Staatsbürger dazu bringen, sich aktiv am politischen Prozeß zu beteiligen, sollen seine Bereitschaft stärken, politische Verantwortung zu übernehmen. Außerdem sollen sie ihn durch Ratschläge, moralische Appelle oder sonstwie motivieren, bestimmte Dinge zu tun oder zu lassen. Es gibt freilich Autoren, die den Massenmedien diese Aufgabe streitig machen. Sie argumentieren, daß sich die in den Medien Tätigen nicht auf Kreuzzüge für bestimmte Ideen begeben, sondern sich auf den Bereich der Informationsvermittlung beschränken sollten.

Erziehung durch Massenmedien?

All diese Funktionen überschneiden sich in der Praxis, und die verschiedenen Medien erfüllen sie in unterschiedlicher Weise (oder auch nicht). Und zwar je nach den Möglichkeiten, die das Medium bietet und je nach den Fähigkeiten und Absichten der Journalisten, die in den einzelnen Bereichen tätig sind. Fest steht, daß die Massenmedien nicht nur Informationen transportieren und Meinungen artikulieren, sondern auch belehren und unterhalten. Welche Wirkungen sie damit bei den Konsumenten erzielen, ist freilich ungewiß (vgl. Abschnitt 5.1 Wirkungen).

Rainer Geißler, Massenmedien, Basiskommunikation und Demokratie. Ansätze zu einer normativ-empirischen Theorie, Tübingen 1973.
Michael Kunczik, Massenkommunikation. Eine Einführung, Köln/Wien 1977.

1.2 Massenmedien und Recht

Rechtsgrundlagen

Wichtigste Rechtsgrundlage ist *Artikel 5 Grundgesetz.* Sein erster Absatz lautet: „Jeder hat das Recht, seine Meinung in Wort, Schrift und Bild frei zu äußern und zu verbreiten“ (*Meinungsfreiheit*) „und sich aus allgemein zugänglichen Quellen ungehindert zu unterrichten“ (*Informationsfreiheit*). Die *„Pressefreiheit* und die *Freiheit der Berichterstattung durch Rundfunk und Film* werden gewährleistet. Eine Zensur findet nicht statt.“

Im Gegensatz zur *Meinungs*- und *Pressefreiheit*, die schon vor 1933 zum Kernbestand von Grundrechten gehörten, hat man die *Informationsfreiheit* erst als Reaktion auf die Zustände im Dritten Reich zu einem Grundrecht gemacht: Dem Bürger darf nicht verwehrt werden, allgemein zugängliche Informationsquellen zu nutzen, also z.B. bestimmte Zeitungen zu kaufen oder bestimmte Sender zu hören.

Die Pressefreiheit

Pressefreiheit war ursprünglich bloß die Freiheit vor staatlichen Eingriffen oder Behinderungen. Das Bundesverfassungsgericht versteht Pressefreiheit aber auch als Garantie der Institution „Freie Presse" und leitet daraus die Pflicht des Staates her, zu ihrem Schutz gegebenenfalls selbst tätig zu werden. So ließe sich laut Bundesverfassungsgericht „etwa auch an eine Pflicht des States denken, Gefahren abzuwehren, die einem freien Pressewesen aus der Bildung von Meinungsmonopolen erwachsen könnten."[1)]

und ihre Grenzen

Meinungs- und Pressefreiheit sind nicht unbegrenzt. Sie finden gemäß Absatz 2 von Artikel 5 „ihre Schranken in den Vorschriften der allgemeinen Gesetze, den gesetzlichen Bestimmungen zum Schutze der Jugend und in dem Recht der persönlichen Ehre." Auch für die Massenmedien gelten also zum Beispiel die Paragraphen des Strafgesetzbuchs über Beleidigung, üble Nachrede und Verleumdung ebenso wie die des Bürgerlichen Gesetzbuchs, z.B. über die Pflicht zum Schadenersatz bei bestimmten unerlaubten Handlungen. Allerdings verlangt das Bundesverfassungsgericht, diese die Meinungs- und Pressefreiheit beschränkenden allgemeinen Gesetze müßten „so interpretiert werden, daß der besondere Wertgehalt dieses Rechts ... auf jeden Fall gewahrt bleibt."

In den sachlich weitgehend übereinstimmenden *Pressegesetzen* der Länder finden sich Einzelbestimmungen.

So verpflichten die Landespressegesetze die Behörden, „den Vertretern der Presse in Angelegen-

1) BVerfGE Band 20, S. 175 f.

heiten von öffentlichem Interesse *Auskünfte zu erteilen,* die dazu dienen, Nachrichten zu beschaffen und zu verbreiten, Stellung zu nehmen, Kritik zu üben oder in anderer Weise an der Meinungsbildung mitzuwirken (§ 4 Abs. 1 Pressegesetz von Bremen). Die Behörde darf die Auskunft verweigern, soweit

Recht der Auskunftsverweigerung

1. durch sie die sachgemäße Durchführung eines schwebenden Verfahrens vereitelt, erschwert, verzögert oder gefährdet werden könnte oder
2. Vorschriften über Geheimhaltung entgegenstehen oder
3. ein überwiegendes öffentliches oder schutzwürdiges privates Interesse verletzt würde oder
4. ihr Umfang das zumutbare Maß überschreitet."

(§ 4 Abs. 2 Landespressegesetz Rheinland-Pfalz)

Sorgfaltspflicht

Alle Pressegesetze (mit Ausnahme des hessischen) weisen die Presse auf ihre *Sorgfaltspflicht* hin, § 6 des Niedersächsischen Pressegesetzes z. B. mit den Worten:

„Die Presse hat alle Nachrichten vor ihrer Verbreitung mit der nach den Umständen gebotenen Sorgfalt auf Inhalt, Herkunft und Wahrheit zu prüfen. Sie ist verpflichtet, Druckwerke von strafbarem Inhalt freizuhalten."

Die Verantwortlichen müssen genannt werden

Damit jedermann rasch und leicht erkennen kann, an wen er sich bei einer Zeitung oder Zeitschrift mit seinen Beschwerden oder Ansprüchen (z. B. auf Gegendarstellung oder Widerruf) halten kann, verlangen alle Pressegesetze den Abdruck des sogenannten *Impressums.* Im Impressum müssen mit Namen und Anschrift zu finden sein:

Verleger:
Drucker:
Verantwortliche Redakteure
(mit Angabe ihres Ressorts):
Verantwortlicher für den Anzeigenteil:

Trennung von Redaktionstext und Anzeigen

Redaktionell verantwortete Texte und *bezahlte Anzeigen* sollen für den Leser deutlich unterscheidbar sein; deshalb bestimmen alle Landespressegesetze, daß *bezahlte* Veröffentlichungen als *Anzeigen* kenntlich gemacht werden müssen. Manche Blätter verwenden (nicht so deutliche) Bezeichnungen wie „PR-Veröffentlichung" oder – für bezahlte Sonderseiten – z.B. „Verlagsbeilage".

Recht auf Gegendarstellung

Wer von einer in der Presse aufgestellten Tatsachenbehauptung betroffen ist, kann eine *Gegendarstellung* verlangen (und notfalls mit Hilfe des Gerichts durchsetzen). Alle Pressegesetze bestimmen, daß die Gegendarstellung in der nächstmöglichen auf die Einsendung folgenden Nummer in dem gleichen Teil der Zeitung oder Zeitschrift und mit gleicher Schrift wie der beanstandete Text ohne Einschaltungen und Weglassungen abgedruckt werden muß. Voraussetzung dafür ist allerdings, daß die Gegendarstellung

- schriftlich und vom Betroffenen unterschrieben
- innerhalb von ca. 14 Tagen nach Veröffentlichung des beanstandeten Textes („unverzüglich") eingereicht wird.
- ihre Länge nicht den Umfang des beanstandeten Textes überschreitet
- und sie keinen strafbaren Inhalt (z.B. Verleumdungen) hat.

Auf Wahrheit oder Unwahrheit des beanstandeten Textes oder der Gegendarstellung kommt es nicht an; lediglich allgemein- oder gerichtsbekannte („offensichtliche") Unwahrheiten in der Gegendarstellung können dazu führen, daß sie nicht abgedruckt werden muß. Der Abdruck ist kostenfrei, es sei denn, daß der beanstandete Text als (z.B. politische) Anzeige abgedruckt worden ist; gegen geschäftliche Anzeigen gibt es keine Gegendarstellung. Gegen den Willen des Betroffenen darf die Redaktion die Gegendarstellung nicht als Leserbrief erscheinen lassen.

Das Gegendarstellungsrecht gilt nicht nur für die Presse, sondern auch für Radio und Fernsehen.

Wer nicht „in die Presse kommen" will, kann sich unter Berufung auf sein aus dem Grundgesetzartikel 1 hergeleitetes allgemeines *Persönlichkeitsrecht* immer dann dagegen wehren, wenn nicht das berechtigte Informationsinteresse der Öffentlichkeit überwiegt; Sensationsinteresse genügt nicht. Am wenigsten dürfen die Medien in die Intimsphäre eines Menschen eindringen. Eine Erscheinungsform des allgemeinen Persönlichkeitsrechts ist auch das *Recht am eigenen Bild.* Nur Personen des Zeitgeschehens müssen hinnehmen, daß aus diesem Tätigkeitsbereich stammende Bilder auch ohne ihre Zustimmung veröffentlicht werden.

Persönlichkeitsrecht des Bürgers

Wer die Massenmedien informiert, wird vom Gesetz davor geschützt, daß sein Name und seine Information in einem Gerichtsverfahren durch den als Zeugen vernommenen Journalisten genannt werden müssen. Der Journalist hat ein entsprechendes *Zeugnisverweigerungsrecht*; Redaktionsunterlagen dürfen nicht beschlagnahmt werden.

Zeugnisverweigerungsrecht des Journalisten

Klaus Mathy, Das Recht der Presse, Köln 1977.
Martin Löffler/Reinhard Ricker, Handbuch des Presserechts. München 1978.
Wolf-Dieter Ring, Deutsches Presse- und Rundfunkrecht, München 1977. Loseblattsammlung.
Peter Schiwy/Walter J. Schütz (Hrsg.), Medienrecht. Stichwörter für die Praxis, Neuwied und Darmstadt 1977.

2 Journalistische Praxis

Die Massenmedien sind – wie in Abschnitt 1.1 dargestellt – dazu da, den Bürger über alle wichtigen Ereignisse und Entwicklungen zu informieren, die in der Gesellschaft vorhandenen Meinungen zu artikulieren und für das öffentliche Leben wichtige Personen und Institutionen kritisch zu kontrollieren. Innerhalb des jeweiligen Mediums ist das die Aufgabe der Journalisten.

2.1 Berufsbild der Journalisten und Zugang zum Beruf

Journalismus als Beruf

Neuere statistische Angaben über die *Zahl der Journalisten* liegen nicht vor. Dem letzten Medienbericht der Bundesregierung zufolge gab es 1970 in der Bundesrepublik Deutschland rund 23000 erwerbstätige Journalisten.[1)] Sie arbeiten als festangestellte Reporter und Redakteure in Tageszeitungen (7000), bei Publikums- und Fachzeitschriften (3000), bei Hörfunk und Fernsehen (3000), in den Presse- und Informationsabteilungen der Wirtschaft und der Behörden (3000) und in den Nachrichtenagenturen (1000). Die Zahl der freiberuflich tätigen Berufsjournalisten wird auf 5000 geschätzt.

Vom Journalisten verlangt der Deutsche Journalisten-Verband in dem von ihm 1978 verabschiedeten Berufsbild folgende *Fähigkeiten* und *Eigenschaften:* „analytisches und logisches Denken, sprachliche Ausdruckfähigkeit, Sinn für akustische und visuelle Gestaltungsmöglichkeiten, technische Kenntnisse über das Medium, Kontaktfähigkeit und Bereitschaft zur Zusammenarbeit, Einfühlungsvermögen, Aktivität, Kreativität."

1) Bericht der Bundesregierung über die Lage von Presse und Rundfunk in der Bundesrepublik Deutschland (1978) – Medienbericht – Bonn 1978, S. 115.

Der Zugang zum Journalistenberuf ist frei; jeder kann sich Journalist nennen. Ernsthafte Berufschancen wird aber in der Regel nur haben, wer außer möglichst vielen von den obengenannten Fähigkeiten und Eigenschaften eine gute *Vorbildung* mitbringt, als deren Mindestmaß heute allgemein das Abitur (oder Gleichwertiges) angesehen wird; der Abschluß eines Fachstudiums ist empfehlenswert. Journalismus kann man durch ein Volontariat oder längere freie Mitarbeit bei einem Medium erlernen, aber auch durch den Besuch einer Journalistenschule oder durch das Studium des neuentwikkelten Hochschul-Fachs Journalistik.

Volontariat, Journalistenschule oder Studium

Durch Studium zum Journalismus

Folgende Hochschulen bieten einen *Diplom-Studiengang* Journalistik an:

München: Institut für Kommunikationswissenschaft (Zeitungswissenschaft, Diplomstudiengang Journalistik, Widenmayerstr. 46a, 8000 München 22, Tel. 21 80 32 02.

Dortmund: Universität Dortmund, Abteilung Sprach- und Literaturwissenschaften, Journalistik und Geschichte; Studiengang Journalistik, Postfach 500 500, 4600 Dortmund, Tel. 7 55 28 27.

Studienmöglichkeiten

Journalistik als *Aufbaustudium* gibt es in:

Mainz: Journalistisches Seminar am Institut für Publizistik der Johannes Gutenberg-Universität, Alte Universitätsstraße 17, 6500 Mainz, Tel. 39 21 34.

Stuttgart-Hohenheim: Universität Hohenheim, Fachgebiet Kommunikationswissenschaft – 540 –, Postfach 700 562, 7000 Stuttgart 70, Tel. 45 01 28 17.

An folgenden Universitäten kann *Publizistik-* bzw. *Kommunikationswissenschaft* studiert werden, zum Teil mit Journalistik-Angeboten:

Berlin, Bochum, Göttingen, Mainz, München, Münster und Nürnberg.

2.2 Arbeitsplatz Redaktion

Die Redaktion ist die Gesamtheit aller Redakteure, die am Erscheinungsort eines Medienprodukts (z.B. Zeitung) arbeiten. Die Größe reicht von der Ein-Mann-Redaktion eines kleinen Blattes bis zu Redaktionen großer Zeitungen, Zeitschriften und Rundfunkanstalten mit 100 und mehr Redakteuren.

Spezialisierung

Je größer die Redaktion ist, um so mehr Spezialisierung in Fach-Ressorts ist möglich. Klassische *Ressorts* bei Zeitungen sind Politik, Kultur, Lokales, Wirtschaft und Sport. Spezialisieren läßt sich z.B. das Politik-Ressort in die Fachgebiete Innenpolitik und Außenpolitik, die Außenpolitik wieder in Westeuropa, Osteuropa, USA, Entwicklungsländer usw. Welche Ressorts sich eine Redaktion einrichtet, hängt vom Inhalt des Medienprodukts ab, das sie herstellen soll. Eine Frauenzeitschrift z.B. stützt sich vor allem auf die Ressorts Mode, Kosmetik, Kochen und Wohnen. In einer Hörfunkredaktion kommen zu den in Zeitungen üblichen Ressorts die funkspezifischen Ressorts wie Hörspiel, Schulfunk, Ernste Musik, Tanzmusik, Volksmusik hinzu; medienspezifische Ressorts beim Fernsehen sind u.a. Serien, Spielfilme, Fernsehspiele, Show.

Hierarchie

Jedem *Redakteur* ist ein bestimmtes Arbeitsgebiet zugewiesen: die Redakteure zusammengehöriger Arbeitsgebiete arbeiten innerhalb eines Ressorts bzw. einer Abteilung mit einem Ressortchef bzw. Abteilungsleiter an der Spitze. Sämtliche Ressorts unterstehen dem Chefredakteur bzw. bei einer Rundfunkanstalt dem Hörfunk- oder Fernsehdirektor.

Während die festangestellten Redakteure ein monatliches Gehalt beziehen, werden die freien Mitarbeiter für ihre Beiträge mit einem Honorar bezahlt, das sich bei der Presse gewöhnlich nach der Zeilen- bzw. Seitenzahl, beim Rundfunk nach der Zeitdauer des Beitrags richtet. Die Honorarsätze sind sehr verschieden; eine Illustrierte z.B. honoriert rund 50mal höher als eine Lokalzeitung.

Walther von La Roche, Einführung in den praktischen Journalismus – mit genauer Beschreibung aller Ausbildungswege. 6. bearbeitete Auflage, München 1982.

2.3 Lexikon journalistischer Begriffe

Aktualität
Das Neue, das innerhalb des Berichtzeitraumes geschehen ist, also seit der letzten Nachrichtensendung oder dem letzten Erscheinen der Tages- oder Wochenzeitung. Im weiteren Sinn: Was in der Öffentlichkeit gerade als wichtig erscheint, wofür gerade Aufgeschlossenheit beim Publikum besteht. Vom lateinischen Wort actualis = wirksam.

Bericht
Umfangreiche Nachricht, die auch Zusammenhänge, Vorgeschichte und andere wichtige Aspekte des gemeldeten Ereignisses berücksichtigen kann.

Feature
Eine in der Wahl und Kombination journalistischer Stilmittel freie Form (bei Presse, Radio und Fernsehen), in der unanschauliche und nicht ereignishafte Stoffe ansprechend und verständlich präsentiert werden. Vom engl. to feature = profilieren, herausstellen.

Glosse
Meist ironische oder wortspielerische kritische Anmerkung zu einem Thema.

Interview
Gespräch in Frage und Antwort zur Person oder zur Sache und dessen möglichst wortgetreue, wenn auch oft verkürzte Wiedergabe in Presse, Radio oder Fernsehen.

Kommentar
Journalistische Meinungsäußerung auf der Grundlage von Argumenten und Analysen. Vom lat. commentari = überdenken.

Nachricht
Um Objektivität bemühte Mitteilung eines allgemein interessierenden aktuellen Sachverhalts. Die Nachricht gibt Antwort auf möglichst viele der „Sieben Ws“: Wer? Was? Wo? Wann? Wie? Warum? Welche Quelle? Die wichtigste Mitteilung gehört an den Anfang der Nachricht.

Pressekonferenz/Presseerklärung
Wenn eine Regierung, ein Verband oder auch eine Einzelperson eine Information oder ein Anliegen an die Öffentlichkeit – und das heißt: in die Medien – bringen wollen, tun sie dies häufig in Form einer Presseerklärung, die sie den Medien zusenden, oder sie laden die Journalisten zu einer Pressekonferenz ein. Bei einer Pressekonferenz stellt sich der Veranstalter auch den Fragen der Journalisten. Natürlich ist auch das persönliche Gespräch mit einzelnen Journalisten eine Möglichkeit, seine Position in die Medien zu tragen.

Recherche
Aufspüren und Überprüfen von Themen und Informationen, hauptsächlich durch Gespräche mit Personen, die etwas wissen, sowie durch Nachschlagen in Archiven und Bibliotheken. Vom franz. recherche = Untersuchung, Nachforschung.

Redakteur
Journalist, der den Stoff auswählt, bearbeitet und in der seinem Medium entsprechenden Form präsentiert.

Reportage
Auf Anschauung und eigenem Erleben beruhende Schilderung von Zuständen oder Abläufen.

Statement
Stellungnahme einer für das zu behandelnde Thema wichtigen Person (engl.).

2.4 Quellen der Information

2.4.1 Allgemeines

Wie erhalten Journalisten die Informationen und Anregungen, die sie für ihr Medium aufbereiten und – eventuell nach weiteren Recherchen – verwerten? Im einzelnen hängt das von der Art des Mediums ab. Tageszeitungen benutzen zum Teil andere Quellen als Wochenblätter, Illustrierte andere als ein kulturpolitisches Fernseh-Magazin.

Kanäle der Informationssammlung

Informationen, Ideen und verwertbares Material erhält eine Redaktion durch

- ihre Mitarbeiter, z.B. Reporter und Korrespondenten,
- Hinweise von Interessenten (auf eigene Aktivitäten, Pressekonferenzen usw.),
- Presse- und Bilderdienste von Firmen, Ämtern und Verbänden,
- Kommerzielle Presse- und Bilderdienste zu bestimmten Themen (z.B. Medizin) oder für bestimmte Ressorts (z.B. Rätsel- und Karikaturendienste),
- andere Medien (z.B. Konkurrenzzeitungen),
- Stellungnahmen von Lesern, Hörern oder Zuschauern,
- Nachrichtenagenturen.

2.4.2 Nachrichtenagenturen

Informationen gegen Gebühr

Die wichtigsten Informanten der Massenmedien sind die Nachrichtenagenturen. Sie liefern gegen eine Bezugsgebühr Material aus allen Bereichen des Zeitgeschehens oder aus bestimmten Sachgebieten. Für den Bezug der Deutschen Presseagentur zahlte z.B. der Bayerische Rundfunk (Hörfunk und Fernsehen) 1982 knapp eine Million Mark.

Die *Deutsche Presse-Agentur*, die größte Nachrichtenagentur in der Bundesrepublik, ist ein Gemeinschaftsunternehmen ihrer Benützer ohne Gewinn-

Die wichtigsten *deutschsprachigen Nachrichtenagenturen* sind:

- Deutsche Presse-Agentur, dpa, gegründet 1949, Sitz in Hamburg
- Deutscher Depeschendienst, ddp, gegründet 1971, Sitz in Bonn
- Associated Press, AP, gegründet 1848, Stammhaus in New York, deutscher Sitz in Frankfurt
- Reuter, rtr, gegründet 1851, Stammhaus in London, deutscher Sitz in Bonn
- Agence France Press, afp, gegründet 1944, Stammhaus in Paris, deutscher Sitz in Bonn

Darüber hinaus gibt es einige *Spezialagenturen*. Die wichtigsten sind:

- Vereinigte Wirtschaftsdienste, vwd, Eschborn
- Inter Press Service, IPS, Bonn
- Katholische Nachrichtenagentur, KNA, Bonn
- Evangelischer Pressedienst, epd, Frankfurt

Deutsche Presseagentur

absicht. Kein Gesellschafter kann mehr als ein Prozent des GmbH-Kapitals erwerben. „Von dem Stammkapital gehören", schreibt Hans-Joachim Höhne[1], „77,58 Prozent Zeitungsverlegern, zehn Prozent Rundfunk- und Fernsehanstalten, und 12,42 Prozent der Anteile halten Wochenzeitungen und Fachverlage. Die Agentur verfügt so über eine breite wirtschaftliche Grundlage und ist doch zugleich auf den Kreis derer beschränkt, die ein unmittelbares Interesse an ihrer Funktionsfähigkeit haben."

Mit ihrem Nachrichtenstrom aus Städten und Landkreisen, der über eigene Landesdienste bezogen werden kann, ist dpa fast konkurrenzlos, zumal sie praktisch über alle Sachgebiete kontinuierlich berichtet (Politik, Wirtschaft, Kultur, aber auch Vermischtes und Sport). Weitere Agenturen leisten sich nur finanzkräftige Zeitungen und die Rundfunkanstalten.

1) *Hans-Joachim Höhne*, Report über Nachrichtenagenturen. Band 1: Die Situation auf den Nachrichtenmärkten der Welt. Baden-Baden 1976, S. 51.

Weitere Nachrichtenagenturen

Die innerdeutsche Konkurrenz der dpa ist der *Deutsche Depeschendienst*, der in Bonn ansässig ist. Die Stärken von *AP*, *Reuter* und *afp* liegen in der Auslandsberichterstattung, und zwar mit verschiedenen Schwerpunkten, die durch den Hauptsitz und traditionelle Verbindungen im internationalen Bereich bestimmt werden.

Die *Vereinigten Wirtschaftsdienste* sind ein Spezialdienst und werden auch von Industrieunternehmen und Banken genutzt. Wichtige Meldungen übernimmt dpa im Rahmen einer Kooperation. *IPS* ist die neueste Agentur und versteht sich als Stimme der Dritten Welt. Sie verbreitet ausschließlich Nachrichten aus Entwicklungsländern, vornehmlich aus Lateinamerika. Beim Start wurde sie finanziell von der SPD-nahen Friedrich-Ebert-Stiftung unterstützt.

Vier Agenturmeldungen im Faksimiledruck

```
   504  15:11 01.10.82 dpab  1  pl
byn305 1 pl 13  vvvvb  dpa 241

Bundestag                  B l i t z

Helmut Kohl ist neuer Bundeskanzler. Helmut Schmidt über

konstruktives Mißtrauensvotum gestürzt.

dpa mr
011512 okt 82 nnnn
```

So meldete dpa Kanzlersturz und Kanzlerwahl am 1. Oktober 1982

```
   497  15:13 01.10.82 dpab  1  pl      *
byn307 1 pl 41  vvvvb  dpa 242

Bundestag               E i l  E i l

Helmut Kohl ist neuer Bundeskanzler. Insgesamt 256

Bundestagsabgeordnete stimmten für das konstruktive Mißtrauensvotum

gegen Helmut Schmidt. 235 Parlamentarier sprachen sich dagegen aus.

Vier Abgeordnete enthielten sich. Alle Stimmzettel waren gültig.

Das teilte Bundestagspräsident Richard Stücklen mit.
dpa mr
011513 okt 82 nnnn
```

481 15:15 01.10.82 dpab 2 pl
byn309 2 pl 62 vvvvb dpa 243

Bundestag/Kanzler E i l E i l
Abstimmung eins
Kohl zum Bundeskanzler gewählt=

Bonn (dpa) - Der Deutsche Bundestag hat Helmut Kohl (CDU) zum Bundeskanzler gewählt. Bei dem von CDU/CSU und FDP beantragten konstruktiven Mißtrauensvotum stimmten 256 Abgeordnete für den Sturz von Helmut Schmidt und damit für den CDU-Parteivorsitzenden als Nachfolger, wie Bundestagspräsident Richard Stücklen offiziell bekanntgab. Zur Kanzlerwahl waren mindestens 249 Stimmen notwendig.
Folgt Abstimmung zwei
dpa mr bn
011516 okt 82 nnnn

Ergebnis des Mißtrauensvotums

460 15:18 01.10.82 dpab 2 pl
byn312 2 pl 45 vvvvb dpa 244

Bundestag/Kanzler
Abstimmung zwei (bonn)
235 Abgeordnete stimmten gegen Kohl=

235 Abgeordnete stimmten mit 'Nein" und damit für Bundeskanzler Helmut Schmidt und gegen Helmut Kohl. Vier Abgeordnete enthielten sich der Stimme. Von den 495 abgegebenen Stimmen waren nach Angaben von Bundestagspräsident Stücklen alle gültig.
Folgt Abstimmung drei
dpa mr bn
011519 okt 82 nnnn

Die vier ersten Meldungen der Deutschen Presseagentur über den Ausgang des konstruktiven Mißtrauensvotums am 1. Oktober 1982, bei dem Helmut Kohl zum Bundeskanzler gewählt wurde. „Blitz“ und „Eil“ kennzeichnen die Priorität gegenüber normalen Nachrichten.

Die kirchlichen Agenturen *KNA* und *epd* geben Landes- und Bundesdienste heraus und informieren auch über internationale kirchliche Fragen. Hierbei räumen beide der Berichterstattung aus Entwicklungsländern großen Platz ein.

Konkurrenz der Agenturen

Ohne Frage ist der *Wettbewerb* der Nachrichtenagenturen in der Bundesrepublik für den Bürger positiv. Wegen der Konkurrenzsituation müssen die Nachrichten möglichst genau und ausführlich sein und so schnell wie möglich transportiert werden. Falschmeldungen sind dadurch zwar nicht ausgeschlossen. Da sie aber das Ansehen der Agenturen gefährden, sind diese von sich aus bemüht, solche Fehler nach Möglichkeit zu verhindern.

Hansjoachim Höhne, Report über Nachrichtenagenturen. 2 Bände, Baden-Baden 1977.
Erich Straßner (Hrsg.), Nachrichten, München 1975.

2.5 Berufsprobleme der Journalisten

2.5.1 Selbstverständnis

Die möglichen Rollen des Journalisten

Es gibt kein einheitliches Selbstverständnis der Journalisten, und die Kriterien für ihre Tätigkeit sind auch in der Gesellschaft umstritten. Sollen sie Prediger, Erzieher, Hüter der Wahrheit sein? Oder gar Parteigänger, missionarische Zuchtmeister, Indoktrinierer? Vorstellbar sind auch die Rollenbilder des Vermittlers, des Kritikers oder des Anwalts Unterprivilegierter. (Vgl. 1.1.)

Mit solchen Vokabeln berücksichtigt man nicht die Sachzwänge, denen sich Journalisten in der Praxis gegenübersehen. In der Regel kann ein Journalist zwischen all diesen Rollen nicht wählen. Nach einem in den USA entwickelten Theorieansatz sind die meisten Journalisten „Schleusenwärter" (Gatekeeper) der Informationsflut. In einem zusammenfassenden Überblick über die Gatekeeperforschung heißt es über die Journalisten:

Grenzen der Möglichkeiten

„Sie alle sind nicht die unabhängigen, eigenverantwortlichen Persönlichkeiten, für die man sie ursprünglich hielt. Sie treffen ihre Entscheidungen weniger als Resultat eigener Abschätzung des Nachrichtenwertes, sondern vielmehr auf der Grundlage von professionellen und organisatorischen Kriterien, zu denen Artikel-Ausstoß, Leistungsfähigkeit, Anpassungsfähigkeit, Vielseitigkeit und Schnelligkeit gehören." [1]

in der Privatwirtschaft

Das Medium diktiert die Rolle des Journalisten, man kann auch sagen: der Arbeitgeber. Bei *privatwirtschaftlichen Presseunternehmen* bestimmt der Verleger die publizistische Linie. Er wählt in aller Regel solche Mitarbeiter aus, die sich an diese Linie halten. So verstand sich der „Spiegel" jahrelang als außerparlamentarische Opposition zu den Bundesregierungen der fünfziger und sechziger Jahre. Diese Haltung änderte er im Lauf der siebziger Jahre, als SPD und FDP die Regierung in Bonn übernahmen. Und so schreiben die Journalisten der konservativen „Frankfurter Allgemeinen" anders als die der linksliberalen „Frankfurter Rundschau."

und im öffentlich-rechtlichen Rundfunk

Bei den *öffentlich-rechtlichen Rundfunkanstalten* sind in den Rundfunkgesetzen bzw. Staatsverträgen die Aufgaben und – manchmal mehr, manchmal weniger – auch die Grenzen der journalistischen Arbeit beschrieben. Die Verantwortlichen in den Funkhäusern und die gesellschaftlichen Aufsichtsgremien bestimmen jedenfalls, welche Grenzen im journalistischen Verständnis des Hauses einzuhalten sind.

Rein rechtlich ist im Prinzip der Journalist bei einem privaten Verleger weniger eingeengt. Er kann einseitiger schreiben, weil er nicht der Allgemeinheit verpflichtet ist wie eine öffentlich-rechtliche Anstalt. Einen interessanten Streitfall im journalistischen Spannungsfeld zwischen einem privaten Verlag und einer Rundfunkanstalt griff die „Zeit" auf. Vgl. Kasten.

---

1) *Gertrude Joch Robinson,* Fünfundzwanzig Jahre „Gatekeeper"-Forschung: Eine kritische Rückschau und Bewertung. In: *Jörg Aufermann/Hans Bohrmann/Rolf Sülzer* (Hrsg.), Gesellschaftliche Kommunikation und Information. Band 1. Frankfurt am Main 1973. S. 355.

TELE-BISS

Fernseh-Zeit

Geheime Kommandosache

Im *NDR* stehen wieder einmal alle Zeichen auf Sturm. Anlaß für den Krach ist diesmal Karl-Ulrich Kuhlo, ein 34 Jahre alter Journalist des Springer-Kampfblatts *Bild am Sonntag*. Er soll stellvertretender Chefredakteur des Hörfunks werden.

Die Sache schien schon fast gelaufen, da lieferte Kuhlo sein Meisterstück nach. Anfang August schrieb er in seiner Zeitung einen Kommentar unter der Überschrift „100 000 Arbeiter-Sklaven bauen Erdgas-Pipeline". Der Artikel ist ein Stück Diffamierungsjournalismus, das in seiner Machart sich mit Produkten des *Schwarzen Kanals* der DDR oder des *Stürmers* messen kann. Auf Grund unbewiesener Gerüchte unterstellt Kuhlo, die Sowjetunion setze politische Häftlinge beim Bau der Erdgasröhrenleitung nach Europa ein. „Die Hände der Frauen sind blutig... Wir zahlen Breschnjew bis zu vier Milliarden, damit er uns seine Sklaven zur Verfügung stellt..."

Fürwahr ein Meisterstück. Nicht nur *Telebiss* fragt sich, wer möchte diesen Kampfjournalisten im Haus haben? Auf jeden Fall offenbar die Herren Stoltenberg und von Weizsäkker. Sie hatten ihn wärmstens empfohlen, lobten seine menschliche Integrität. Chefdemokraten und ihre öffentlich-rechtlichen Gehilfen haben im Sender das Sagen. Gleichwohl wissend, daß diese Personalie wieder mal Ärger machen würde, bestimmten sie Kuhlo zur „geheimen Kommandosache" – und überraschten damit den aus den Ferien kommenden stellvertretenden Intendanten Jobst Plog. Auch der unmittelbare Vorgesetzte des designierten Stellvertreters, Jürgen Kellermeier, Chefredakteur Hörfunk, wurde vor vollendete Tatsachen gestellt. Für den naiven Leser: Die Herren Plog und Kellermeier gehören der Partei an, die im NDR nur noch zustimmen darf.

Jobst Plog aber platzte diesmal der Kragen. Er ließ keinen Zweifel, daß er den Personalvorschlag nicht mittragen und deutlich machen werde, daß er den Journalisten Kuhlo für untragbar halte. Der Eklat ist da. Intendant Räuker, ein Choleriker par excellence, sitzt auf der Antenne und frönt seiner Lieblingsbeschäftigung: den Verfolgten spielen. Da hat sie sich wieder formiert, die Phalanx der Liberalen und Linken, die jede seiner Entscheidungen konterkarieren will! Denn auch Jürgen Kellermeier und seine politische Redaktion halten von dem ihnen oktroyierten Kollegen überhaupt nichts.

Wie ein begossener Pudel steht der neue Programmdirektor Olaf von Wrangel da. Er, der erst kürzlich sein CDU-Mandat niederlegte, die Bonner Bühne unbeschadet wie nur wenige verließ und wieder in den alten Beruf des Journalisten zurückkehrte, muß nun den Fall Kuhlo ausbaden. Über den inkriminierten Artikel ist er entsetzt. „So etwas hätte im *NDR* nie gesendet werden dürfen." Ein Fehler, eine Dummheit von Kuhlo – er soll deswegen aber von ihm abrücken? Wrangel hält sich an das Urteil von Stoltenberg und an seinen eigenen Eindruck. Warum er aber über Kuhlo nicht mit den unmittelbar Betroffenen der Redaktion und ihrem Chef gesprochen hat, bleibt sein Geheimnis, und es mag ihn heute reuen, daß er den schlechten Manieren seines Intendanten, die Personalie Kuhlo „geheim" zu behandeln, nicht widersprochen hat. Der liberale CDU-Mann Wrangel, der für Offenheit und Professionalität im Sender einstehen möchte, hat einen ersten Datscher weg.

Kuhlo wäre gut beraten, seinen Posten nicht anzutreten. Was den Politfunktionären schnuppe zu sein scheint, kann ihm ja vielleicht nicht ganz gleichgültig sein, in einer Redaktion arbeiten zu müssen, die seinetwegen kaputtzugehen droht. Die Rechten drängeln ihn zwar, nun gerade anzutreten, aber möglicherweise hat Kuhlo einen gesunden Selbsterhaltungstrieb und bleibt, wo er ist.

Telebiss

aus: DIE ZEIT Nr. 34 v. 20. 5. 82

Traditionell verstehen sich die Journalisten als Vermittler und Kritiker. In den späten sechziger Jahren verlangten Publizisten wie Martin Walser, Max von der Grün und Günter Wallraff und einige Wissenschaftler eine Alternative zum herkömmlichen Journalismus: den *anwaltschaftlichen Journalismus.*

Der Begriff kommt aus den Vereinigten Staaten. In den sechziger Jahren entwickelte sich dort parallel zur Bürgerrechtsbewegung und zur Bewegung gegen den Vietnamkrieg eine Alternativszene, die anstelle der sogenannten objektiven Berichterstattung, die die vermeintlichen Randthemen aussparte, von den Journalisten Engagement für ihre Ziele forderte.

Journalisten als Bürgeranwälte

Anwaltschaftlicher Journalismus – das ist der Versuch, strukturelle Defizite der Medienwelt auszugleichen und den Individuen und Gruppen einen Zugang zur öffentlichen Kommunikation zu ermöglichen, die bislang daran nicht teilnahmen. Da die Massenmedien – und vor allem Presse, Hörfunk und Fernsehen – fast ausschließlich transportieren, was die in Staat und Gesellschaft dominierenden Meinungs- und Machtträger in die publizistischen Apparate einspeisen, ist dieser Ausgleich durchaus sinnvoll. Vornehmliches Betätigungsfeld des Journalisten als Anwalt der Unterprivilegierten und Machtlosen ist der kommunale und lokale Bereich. In der Praxis ist aber gerade bei Lokal-Zeitungen der Konformitätsdruck besonders hoch.

Wolfgang R. Langenbucher (Hrsg.), Journalismus und Journalismus. Plädoyer für Recherche und Zivilcourage, München 1980.

2.5.2 Grundregeln journalistischer Arbeit

Ungeachtet der Diskussion über die Rolle des Journalisten gibt es Grundregeln journalistischer Arbeit, an die sich die meisten Journalisten halten.

„Achtung vor der Wahrheit und wahrhaftige Unterrichtung der Öffentlichkeit sind oberstes Gebot der Presse", stellt der Deutsche Presserat in seinem 1973 veröffentlichten *Pressekodex* fest. Das Gebot gilt nicht nur für die Presse, sondern für journalistische Beiträge in allen Massenmedien. Wahrhaftige Unterrichtung – das bedeutet, daß die Information entweder selbst sorgfältig recherchiert sein oder sich auf eine verläßliche Quelle (z.B. eine verläßliche Nachrichtenagentur) stützen muß. Die Information muß vollständig sein, also das Wesentliche (z.B. auch die Stellungnahme der Gegenseite) ohne willkürliche Weglassungen oder Hinzufügungen bringen.

Die *Information* muß sich jeder Meinungsäußerung des Verfassers oder Bearbeiters enthalten. Comment is free, facts are sacred; der Kommentar ist frei, die Fakten sind heilig. Dieser Satz beschreibt die *Trennung von Information und Meinungsäußerung,* die der deutsche Journalismus vor allem seit 1945 aus Großbritannien und den USA als Leitlinie übernommen hat. Kommentare dürfen subjektiv, Nachrichten müssen objektiv sein.

Fakten sind „heilig"

Objektivität der Berichterstattung ist ein dauernd anzustrebendes, aber niemals ganz zu erreichendes Ziel; denn es sind immer Menschen, die einen Sachverhalt wahrnehmen und wiedergeben. Die persönliche Sicht des Berichterstatters wird ergänzt durch die persönliche Sicht des Redakteurs, der darüber zu entscheiden hat, ob überhaupt und wenn ja wo und in welcher Länge eine Information gebracht wird, mit oder ohne (und wenn ja mit welchem) Bild, mit welcher Überschrift usw.

Subjektives fließt ein

„Seltsam ist das ja schon", heißt es im Graf-Bobby-Witz, „daß auf der Welt jeden Tag gerade so viel passiert, wie in eine Zeitung hineingeht." In Wirklichkeit hängt das Schicksal einer Nachricht (ob und wie sie gebracht wird) davon ab, wieviele konkurrierende Themen anstehen. So kann eine bestimmte Meldung an einem nachrichtenarmen Tag viel Platz eingeräumt bekommen, die an einem nachrichtenreichen in den Papierkorb wandern würde.

Was ist wichtig? Die Antwort auf diese Frage fällt nicht nur je nach den Wertvorstellungen des Journalisten oder seiner Redaktion verschieden aus, sie richtet sich auch z.B. danach, ob die Information in einer überregionalen oder in einer Lokalzeitung erscheinen soll, in einer Wirtschaftszeitung oder einem Gewerkschaftsblatt.

Zu jeder Meinung gibt es eine Gegenmeinung

Was schon für die, immerhin um Objektivität bemühte, Berichterstattung gilt, schlägt in noch viel stärkerem Maß überall da durch, wo der Journalist seine persönliche Meinung äußern darf, also in Kommentaren und Kritiken: Auch als Fachmann gibt er nur ein subjektives Urteil ab. Für den Leser, Hörer oder Zuschauer ist es anregend, sich mit dieser sachkundigen Meinung auseinanderzusetzen, an sie gebunden sollte er sich nicht fühlen. Zu jedem Urteil gibt es auch ein Gegenurteil.

Man lese nur die Kritik ein- und desselben Films oder Theaterstücks in zwei verschiedenen Blättern, um festzustellen, wie gegensätzlich man mit guten Gründen urteilen kann.

Klaus Schönbach, Trennung von Nachricht und Meinung. Empirische Untersuchung eines journalistischen Qualitätskriteriums, Freiburg/ München 1977.

2.5.3 **Publizistische Grundsätze des Deutschen Presserats (Pressekodex).** Fassung vom 31.12.1979

Journalistische Berufsethik

Die im Grundgesetz der Bundesrepublik verbürgte Pressefreiheit schließt die Unabhängigkeit und Freiheit der Information, der Meinungsäußerung oder der Kritik ein. Verleger, Herausgeber und Journalisten müssen sich bei ihrer Arbeit der Verantwortung gegenüber der Öffentlichkeit und ihrer Verpflichtung für das Ansehen der Presse bewußt sein. Sie nehmen ihre publizistische Aufgabe nach bestem Wissen und Gewissen, unbeeinflußt von persönlichen Interessen und sachfremden Beweggründen, wahr.

Diese publizistischen Grundsätze dienen der Wahrung der Berufsethik; sie stellen keine rechtlichen Haftungsgründe dar.

1. Achtung vor der Wahrheit und wahrhaftige Unterrichtung der Öffentlichkeit sind oberstes Gebot der Presse.

Sorgfalt bei Prüfung und Bearbeitung

2. Zur Veröffentlichung bestimmte Nachrichten und Informationen in Wort und Bild sind mit der nach den Umständen gebotenen Sorgfalt auf ihren Wahrheitsgehalt zu prüfen. Ihr Sinn darf durch Bearbeitung, Überschrift oder Bildbeschriftung weder entstellt noch verfälscht werden. Dokumente müssen sinngetreu wiedergegeben werden. Unbestätigte Meldungen, Gerüchte und Vermutungen sind als solche erkennbar zu machen. Bei Wiedergabe von symbolischen Fotos muß aus der Unterschrift hervorgehen, daß es sich nicht um ein dokumentarisches Bild handelt.

3. Veröffentlichte Nachrichten oder Behauptungen, die sich nachträglich als falsch erweisen, hat das Publikationsorgan, das sie gebracht hat, unverzüglich von sich aus in angemessener Weise richtigzustellen.

Methoden der Beschaffung

4. Bei der Beschaffung von Nachrichten, Informationsmaterial und Bildern dürfen keine unlauteren Methoden angewandt werden.

5. Die bei einem Informations- oder Hintergrundgespräch vereinbarte Vertraulichkeit ist grundsätzlich zu wahren.

6. Jede in der Presse tätige Person wahrt das Berufsgeheimnis, macht vom Zeugnisverweigerungsrecht Gebrauch und gibt Informanten ohne deren ausdrückliche Zustimmung nicht preis.

7. Die Verantwortung der Presse gegenüber der Öffentlichkeit gebietet, daß redaktionelle Veröffentlichungen nicht durch private oder geschäftliche Interessen Dritter beeinflußt werden. Verleger und Redakteure wehren derartige Versuche ab und achten auf eine klare Trennung zwischen redaktionel-

lem Text und Veröffentlichungen zu werblichen Zwecken. Werbetexte, Werbefotos und Werbezeichnungen sind als solche kenntlich zu machen.

Persönlichkeitsrechte des Bürgers

8. Die Presse achtet das Privatleben und die Intimsphäre des Menschen. Berührt jedoch das private Verhalten eines Menschen öffentliche Interessen, so kann es auch in der Presse erörtert werden. Dabei ist zu prüfen, ob durch eine Veröffentlichung Persönlichkeitsrechte Unbeteiligter verletzt werden.

9. Es widerspricht journalistischem Anstand, unbegründete Beschuldigungen, insbesondere ehrverletzender Natur, zu veröffentlichen.

10. Veröffentlichungen in Wort und Bild, die das sittliche oder religiöse Empfinden einer Personengruppe nach Form und Inhalt wesentlich verletzen können, sind mit der Verantwortung der Presse nicht zu vereinbaren.

Sensationsdarstellung

11. Auf eine unangemessen sensationelle Darstellung von Gewalt und Brutalität soll verzichtet werden. Der Schutz der Jugend ist in der Berichterstattung zu berücksichtigen.

12. Niemand darf wegen seiner Zugehörigkeit zu einer rassischen, religiösen oder nationalen Gruppe diskriminiert werden.

Gerichtsberichterstattung

13. Die Berichterstattung über schwebende Ermittlungs- und Gerichtsverfahren muß frei von Vorurteilen erfolgen. Die Presse vermeidet deshalb vor Beginn und während der Dauer eines solchen Verfahrens in Darstellung und Überschrift jede einseitige oder präjudizierende Stellungnahme. Ein Verdächtiger darf vor einem gerichtlichen Urteil nicht als Schuldiger hingestellt werden. Bei Straftaten Jugendlicher sind mit Rücksicht auf die Zukunft der Jugendlichen möglichst Namensnennung und identifizierende Bildveröffentlichungen zu unterlassen, sofern es sich nicht um schwere Verbrechen handelt. Über Entscheidungen von Gerichten soll nicht ohne schwerwiegende Rechtfertigungs-

gründe vor deren offizieller Bekanntgabe berichtet werden.

14. Bei Berichten über medizinische Themen ist eine unangemessen sensationelle Darstellung zu vermeiden, die unbegründete Befürchtungen oder Hoffnungen beim Leser erwecken könnte. Forschungserkenntnisse, die sich in einem frühen Stadium befinden, sollten nicht als abgeschlossen oder nahezu abgeschlossen dargestellt werden.

15. Die Annahme und Gewährung von Vorteilen jeder Art, die geeignet sein könnten, die Entscheidungsfreiheit von Verlag und Redaktion zu beeinträchtigen, sind mit dem Ansehen, der Unabhängigkeit und der Aufgabe der Presse unvereinbar. Wer sich für die Verbreitung oder Unterdrückung von Nachrichten bestechen läßt, handelt unehrenhaft und berufswidrig.

Bestechung

16. Es entspricht fairer Berichterstattung, vom Deutschen Presserat öffentlich ausgesprochene Rügen abzudrucken, insbesondere in den betroffenen Publikationsorganen.

2.5.4 Deutscher Presserat

Verleger und Journalisten gründeten zur Selbstkontrolle der Presse 1956 den „Deutschen Presserat“. Er besteht aus zehn Journalisten und zehn Verlegern. Entscheidungen müssen mit Zweidrittelmehrheit beschlossen werden. Dies hat in der Vergangenheit oft dazu geführt, daß man sich in wesentlichen Fragen nicht auf eine einheitliche Linie verstehen konnte.

Freiwillige Selbstkontrolle der Presse

Zu den *Aufgaben des Presserats* gehören die Feststellung von Mißständen im Pressewesen und die fachliche Äußerung zu entsprechenden Fragen gegenüber Parlament, Regierung und Öffentlichkeit. „Zahnloser Tiger“ oder „Anstandsdame ohne Macht“ nannten Zeitungen den Presserat in Anspielung darauf, daß er keine rechtlich fixierten

Abdruck der Rügen des Presserats

Kompetenzen besitzt. „Es entspricht fairer Berichterstattung, vom Deutschen Presserat ausgesprochene Rügen abzudrucken, insbesondere in den betroffenen Publikationsorganen", heißt es im 16. Grundsatz des vom Presserat formulierten und von den Verbänden 1973 verabschiedeten sogenannten *Pressekodex* (siehe Abschnitt 2.5.3). Wenn Zeitungen sich nicht daran halten, bleibt der Institution lediglich ein moralischer Druck auf die jeweiligen Blätter.

Außerdem entwickelte der Deutsche Presserat im Zuge seiner Beschäftigung mit Beschwerden eine Reihe von *Richtlinien für die redaktionelle Arbeit*. Es geht darin um Fragen wie z.B. die Behandlung von Leserbriefen, die Einhaltung sogenannter Sperrfristen, die „Behinderung der Informationsfreiheit durch Exklusivverträge" usw.

Anschrift: Deutscher Presserat, Postfach 200 783, 5300 Bonn 2, Telefon 35 18 46.

3 Presse

3.1 Geschichte

Die entscheidende Erfindung auf dem Gebiet des Druckwesens machte Johannes Gutenberg aus Mainz. Um 1450 entwickelte er ein neues Verfahren für den Buchdruck: Bisher waren die wenigen Druckvorlagen aus einem Stück in ein Holzbrett geschnitzt oder in festes Metall gegossen worden. Gutenbergs Erfindung bestand darin, daß jetzt die einzelnen Buchstaben aus Metall gefertigt und so in beliebiger Menge und Reihenfolge in einem Rahmen zu Seiten aneinandergesetzt werden konnten. Auf diese Weise war es möglich, Texte um ein Vielfaches rascher als früher zum Druck zu bringen.

Erfindung des Buchdrucks

Werkstatt Johannes Gutenbergs, zu sehen im Mainzer Gutenberg-Museum

3.1.1 Die Entstehung der Presse

Vorläufer der Zeitungen

Als Vorläufer der Zeitungen, wie wir sie kennen, entstanden zunächst sogenannte *Einblattdrucke* als Mitteilungsblätter, wie z.B. eine Warnung vor Falschgeld aus dem Jahre 1482. Weitere Formen der frühen Presseerzeugnisse, die alle noch unregelmäßig erschienen, waren die *Neuen Zeitungen* mit oft mehrseitigen Abhandlungen zu einem aktuellen Thema, die *Flugschriften* und *Flugblätter* zur Verbreitung von Meinungen, Aufrufen oder Polemiken und die *Meßrelationen*, die anläßlich der Messen (z.B. in Frankfurt am Main oder Leipzig) gedruckt wurden.

Es war nur noch ein kleiner Schritt, solche Blätter regelmäßig (periodisch) erscheinen zu lassen. 1609 kommen die ersten *Wochenzeitschriften* heraus: in Straßburg die „Relation Aller Fürnemmen und gedenckwürdigen Historien" und in Wolfenbüttel der „Aviso Relation oder Zeitung". Damit gilt Deutschland als Ursprungsland der Zeitungen. Seit 1650 ist in Leipzig die *erste deutsche Tageszeitung* auf dem Markt, die „Einkommende Zeitung" (Zeitung bedeutet soviel wie Nachricht). Die Auflagen dieser Zeitungen waren gering; sie betrugen nur 100 bis 200 Exemplare.

Staatliche und kirchliche Reglementierungen

Die Entwicklung der Presse wurde von Anfang an von *staatlichen und kirchlichen Reglementierungen* begleitet: Der Reichstag von Speyer (1529) beschließt eine staatliche Vorzensur; ab 1570/71 muß man eine staatliche Konzession für Druckschriften besitzen. Verstöße gegen Pressevorschriften konnten mit erheblichen Strafen (Konzessionsentzug, Berufsverbot für Journalisten, Prügel- und Kerkerstrafen, Landesverweis u.a.) belegt werden.

Zu Beginn des 18. Jahrhunderts entstand als neuer Zeitungstyp das *Intelligenzblatt*. Es war ein Anzeigenblatt, dem politische Berichterstattung untersagt war. Der Staat vergab für diese Blätter, die er gleichzeitig als Organ für öffentliche Bekanntmachungen nutzte, gezielte Konzessionen und kon-

Ein Schriftsetzer bei der Arbeit an einer herkömmlichen Bleisetzmaschine

trollierte dadurch das wirtschaftlich wichtige Anzeigengeschäft. Seinen Namen erhielt das Intelligenzblatt nicht wegen des Inhalts, sondern wegen eines Erlasses (dem sogenannten Intelligenzzwang), demzufolge bestimmte Gesellschaftskreise (Kirchen, Klöster, Behörden, Ärzte u.a.) zum Abonnement verpflichtet waren. Etwa zur gleichen Zeit entwickelten sich neben buchähnlichen *Fach- und Gelehrtenzeitschriften* die *Gesellschaftszeitschriften;* als erste Frauenzeitschrift erscheinen 1725 in Halle „Die Vernünftigen Tadlerinnen". Die Verbreitung der Presse als wirkliches Massenmedium wurde durch die Entwicklung besserer Herstellungstechniken ermöglicht. Die Londoner Zeitung „Times" druckte 1802 bereits 8000 Exemplare täglich. Die Einführung der *Rotationsmaschine* 1872, die statt des blattweisen Drucks den ununterbrochenen Druck von der laufenden Papierrolle ermöglicht, sowie die *Linotype-Setzmaschine* ab 1884, mit deren Hilfe die Texte in ganze Bleizeilen gegossen werden, prägten bis in die Gegenwart das uns vertraute Zeitungsbild.

Verbesserte Herstellungstechniken

Eingabe eines Fotosatztextes am Bildschirm

Fotosatz

Zahlreiche Zeitungs- und Zeitschriftenverlage haben inzwischen den *computergesteuerten Fotosatz* eingeführt, der Personal und Zeit und somit Geld spart. Der Hauptunterschied gegenüber der älteren Technik besteht darin, daß die zu druckenden Texte nicht mehr in Blei von der Setzmaschine hergestellt werden, sondern als Film mit Hilfe des rechnergesteuerten Fotosatzes. Beim Fotosatz fällt ein Lichtstrahl durch das Satzzeichenmuster und projiziert den jeweiligen Buchstaben auf Fotopapier. Die Texte werden am Bildschirmgerät von Hilfskräften oder dem schreibenden Journalisten selbst in den Rechner eingegeben und redigiert.

Statt Blei-jetzt Klebeumbruch

Auch die Zusammenstellung, der „Umbruch", der Seite wird einfacher. Während bisher die in Blei gesetzten Zeilen zusammengebaut werden mußten, braucht man nunmehr nur noch die belichteten Papierstreifen in den Montagebogen einzukleben. In den USA hat man sogar schon Bildschirme von der Größe einer Zeitungsseite entwickelt, auf denen sich der Umbruch elektronisch bewerkstelligen läßt. Die fertige Seite wird auf eine beschichtete Druckplatte abgelichtet, die nach chemischer Bearbeitung auf den Druckzylinder der Rotationsmaschine aufgespannt wird.

3.1.2 Die Ausgangssituation nach dem Zweiten Weltkrieg

Mit dem Zusammenbruch des Dritten Reiches verschwand auch die von den Nationalsozialisten *gleichgeschaltete* Presse. Der Wiederaufbau vollzog sich nach dem Willen und den Vorstellungen der alliierten Besatzungsmächte. Zunächst verboten sie jegliche publizistische Betätigung der Deutschen und brachten ein- bis zweimal pro Woche erscheinende Informationsblätter heraus, die regierungsamtlichen Charakter hatten.

Lizenzzwang

Ab Herbst 1945 erteilten die Besatzungsmächte an besonders ausgewählte und durch ihre Vergangenheit politisch nicht belastete Personen *Lizenzen* für die Herausgabe von Zeitungen. Ausgeschlossen vom publizistischen Metier waren aber Verleger, die zwischen 1933 und 1945 Zeitungen herausgebracht hatten. Insgesamt erteilten die Alliierten 161 Lizenzen. Sie legten damit den Grundstock für die regionale Pressestruktur, wie sie – mit relativ wenigen Veränderungen – noch heute besteht. Als 1949 der Lizenzzwang aufgehoben wurde, kam es innerhalb eines Jahres zu 400 Neugründungen. Davon konnten sich viele nicht auf dem Markt halten.

3.2 Die Struktur der Tagespresse

Zeitungsangebot in der Bundesrepublik Deutschland

Wer sich aus Zeitungen über das aktuelle Geschehen informieren will, hat die Auswahl zwischen *Lokal-* bzw. *Regionalzeitungen, überregionalen Zeitungen* und *Boulevardblättern*, die – bis auf die Deutschlandausgabe der Bild-Zeitung – lokal orientiert sind. Allenthalben ist eine Tendenz spürbar, der *lokalen Information* verstärkt Aufmerksamkeit zu widmen. So bietet inzwischen die Bild-Zeitung, die ursprünglich lediglich eine bundesweite Ausgabe verbreitete, täglich 10 Lokal- und 11 Regionalausgaben.

Insgesamt erscheinen täglich 1258 redaktionelle Ausgaben mit einer Auflage von 20,4 Millionen Exemplaren.[1]

Helmut Bauer, Die Presse und die öffentliche Meinung. 3. Auflage, München/Wien 1975.
Peter Glotz/Wolfgang R. Langenbucher, Der mißachtete Leser. Zur Kritik der deutschen Presse. 3. Auflage, Köln/Berlin 1970.
Jürgen Tern, Der kritische Zeitungsleser, München 1973.
Michael Wolf Thomas (Hrsg.), Porträts der deutschen Presse, Berlin 1980.

3.2.1 Tageszeitungen mit regionaler und lokaler Verbreitung

Abonnementpresse

Die Zeitungslandschaft in der Bundesrepublik Deutschland ist durch Regionalzeitungen mit großen und Lokalzeitungen mit meist kleinen Auflagen gekennzeichnet. Sie werden im Gegensatz zur Straßenverkaufspresse zum weitaus größten Teil im *Abonnement* bezogen. Ihre Gesamtauflage betrug 1981 13,5 Millionen.

Die Auflagen der im Abonnement bezogenen Tageszeitungen stiegen von 1954 bis 1981 kontinuierlich. Im selben Zeitraum verringerte sich infolge von Konzentrationsbewegungen („Zeitungssterben“) die Zahl der *Vollredaktionen* – das sind Redaktionen, die außer dem lokalen auch zumindest den politischen Teil selbst redigieren – von 225 auf 124.

1) Angaben nach: *Walter J. Schütz*: Deutsche Tagespresse 1981. In: Media Perspektiven 9/81, S. 645 – 666.

Die typische deutsche Regionalzeitung erscheint mit einem einheitlichen *Mantel* in den Sparten Politik, Wirtschaft, Kultur und Sport. Die Ausgaben für verschiedene Orte unterscheiden sich im Lokalteil. Der „Münchner Merkur" zum Beispiel hat 14 Ausgaben.

Die typische Regionalzeitung

Die zentralen Teile (Mantel) werden in München redigiert; sie sind in allen 14 Ausgaben identisch. Die jeweiligen Lokalteile werden vor Ort zusammengestellt und in München gedruckt.

Die wirtschaftlichen Vorteile einer solchen Organisation liegen auf der Hand. Während der Verlag durch das Angebot mehrerer lokaler Ausgaben die Auflage steigert, entstehen die Kosten für den zentralen Teil nur einmal.

Die Lokalzeitung ist unersetzbar

Als im Frühjahr 1978 wegen Streik und Aussperrung in der Druckindustrie kaum Zeitungen erschienen, zeigte sich besonders deutlich, daß Radio und Fernsehen die Zeitung nicht ersetzen können. Am meisten fehlten den Lesern die lokalen Nachrichten (60 Prozent), Familienanzeigen (44), Sportberichte (36, bei den befragten Männern sogar 58 Prozent), politische Berichte (35). Ein Viertel der Befragten bemängelte, „daß man nicht noch mal genauer nachlesen kann, was in den Fernseh- oder Radionachrichten gekommen ist." (Institut für Demoskopie. Allensbach).

Die Stärken der Tageszeitung

Diese Mängelliste aus der Streikzeit nennt die Gebiete, auf denen die Stärke der Zeitung liegt: in den lokalen Nachrichten und Anzeigen sowie in der Aufbereitung und Kommentierung dessen, was man am Tag vorher in Radio und Fernsehen an Neuigkeiten gehört und gesehen hat. 80 Prozent lesen regelmäßig die Berichte aus dem eigenen Wohnort und der näheren Umgebung. An zweiter Stelle folgen die politischen Meldungen aus der Bundesrepublik (61 Prozent). 54 Prozent interessieren sich für den Anzeigenteil. Das Schlußlicht bilden die Fortsetzungsromane: sie sprechen nur 13 Prozent der Leser an (Allensbacher Jahrbuch der Demoskopie 1977).

Auf weitere Besonderheiten der Zeitungen gegenüber den elektronischen Medien weist die Kommunikationswissenschaftlerin Petra Dorsch hin.[1] Die Zeitung „dient der Vorbereitung auf Gespräche mit Kollegen, sie liefert berufsnotwendige Informationen, ihre Lektüre entspannt in den Arbeitspausen, sie sorgt für eine gewisse Privatheit, Distanz und Abschirmung gegen Lärm und Enge morgendlicher U-Bahn-Fahrten zum Arbeitsplatz, das Hantieren mit ihr schützt den Morgenmuffel vor lästigem Geplauder am Frühstückstisch."

Projektteam Lokaljournalisten (Hrsg.), ABC des Journalismus, München 1981.
Günther Rager, Publizistische Vielfalt im Lokalen, Tübingen 1982.
Ralf Zoll u.a., Werthein III – Kommunalpolitik und Machtstruktur, München 1974.

3.2.2 Tageszeitungen mit überregionaler Verbreitung

Blätter mit bundesweitem Gewicht

Es gibt nur zwei eigentliche überregionale Tageszeitungen in der Bundesrepublik Deutschland, nämlich die „Frankfurter Allgemeine" (FAZ) und „Die Welt". Bundesweites Gewicht in der politischen Diskussion haben über ihren regionalen Charakter hinaus zwei weitere Blätter: die „Süddeutsche Zeitung" und die „Frankfurter Rundschau."

1) Süddeutsche Zeitung: „Ohne Zeitung ist das Leben nicht auszuhalten." 23.3.1978.

Heute: Sieben Seiten „Reise und Erholung" (37–43)

Süddeutsche Zeitung

MÜNCHNER NEUESTE NACHRICHTEN AUS POLITIK · KULTUR · WIRTSCHAFT · SPORT

39. Jahrgang — München, Donnerstag, 3. Februar 1983 — Nummer 27 / 5. W. / 1,20 DM

Donnerstag, 3. Februar 1983 - D ***

DIE WELT

UNABHÄNGIGE TAGESZEITUNG FÜR DEUTSCHLAND

Nr. 28 - 5.W. - Preis 1,20 DM - 1 H 7109 A

Frankfurter Allgemeine

ZEITUNG FÜR DEUTSCHLAND

D 2954 A

Donnerstag, 3. Februar 1983, Nr. 28/5 D — Herausgegeben von Bruno Dechamps, Jürgen Eick, Fritz Ullrich Fack, Joachim Fest, Johann Georg Reißmüller — 1,20 DM

Frankreichs unbequemer Gast – Ben Bella, der ehemalige Präsident Algeriens (Seite 3)

Frankfurter Rundschau

Unabhängige Tageszeitung

Donnerstag, 3. Februar 1983 · Jahrgang 39 · Nr. 28 — Deutschland-Ausgabe — D-Ausgabe · Preis DM 1,20 — D 2972 A

Köpfe der vier wichtigsten überregionalen Tageszeitungen in der Bundesrepublik

3.2.2.1 Frankfurter Allgemeine

Konservativ und liberal

Die konservativ-liberale FAZ ist mit einer verbreiteten Auflage von 330000 Exemplaren[1)] die erheblich größere der beiden überregionalen Tageszeitungen. Sie gehört keinem Privatverleger, sondern ist mehrheitlich im Besitz einer Stiftung. Bei Berichterstattung und Kommentierung setzt sie Schwerpunkte in den Bereichen der nationalen und internationalen Sicherheitspolitik sowie der Außenpolitik allgemein.

Innenpolitisch befaßt sie sich stärker als andere Zeitungen mit der Rechtsprechung und der Rechts-

1) Alle Auflagenangaben beziehen sich auf das zweite Quartal 1982. Quelle: Informationsgemeinschaft zur Feststellung der Verbreitung von Werbeträgern (IVW).

politik. Die häufige Parteinahme der FAZ gegen Forderungen der Gewerkschaften hat zu einer Kluft zwischen ihr und dem Deutschen Gewerkschaftsbund geführt.

Das Feuilleton der Zeitung wird wegen seiner Qualität auch von Lesern geschätzt, die den politischen Teil zu konservativ finden. Neben dem von Marcel Reich-Ranicki redigierten Literaturteil ist hervorzuheben, daß das Feuilleton der FAZ unter Kultur nicht nur Kunst versteht und alle wichtigen Ereignisse und Erscheinungen des kulturellen Lebens im weitesten Sinn zum Gegenstand seiner Erörterungen macht.

3.2.2.2 Die Welt

Konservativ und liberal, aber umstritten

„Die Welt" versteht sich ebenfalls als konservativ-liberal und gehört zum Konzern des Verlegers Axel Springer. Die Redaktion siedelte 1975 von Hamburg nach Bonn über. Das war nicht die einzige Veränderung, die das Blatt erfuhr, seit Springer es 1953 erwarb. In den sechziger Jahren stand die Welt den CDU-geführten Bundesregierungen unter Bundeskanzler Adenauer oft recht kritisch gegenüber. Von 1969 bis 1982 bekämpfte das Blatt die sozial-liberalen Regierungen in Bonn. Das hohe publizistische Ansehen der „Welt" in den sechziger Jahren ging zurück; die Kritiker warfen der Redaktion Gesinnungsjournalismus vor und nahmen das Blatt zum Teil nicht mehr ernst. Die Auflage unterlag großen Schwankungen. 1953 begann die Welt mit 153 000; 1964 verbreitete sie 246 000, 1982 nur noch 214 000 Exemplare.

3.2.2.3 Süddeutsche Zeitung

Liberal und ein wenig links von der Mitte

Da die Leser der in München erscheinenden SZ zum größten Teil in Bayern wohnen, gilt die Zeitung im klassischen Sinn nicht als überregional. Berichterstattung und Kommentierung machen das liberale Blatt, das sich selbst nach Aussage seines Chefredakteurs als ein wenig links von der Mitte einordnet, zu einer einflußreichen Tageszeitung für die ganze Bundesrepublik. Besitzer sind die Erben der Personen, die von den Alliierten die Lizenz erhielten. Die Auflage der SZ steigt seit Jahren. 1982 verbreitete sie im Durchschnitt jeden Tag 343000 Exemplare.

3.2.2.4 Frankfurter Rundschau

Linksliberal

Wie die SZ verkauft auch die linksliberale FR (Auflage: 195000) die meisten Exemplare in der Stadt und Region ihrer Herkunft.

Aber das Leib- und Magenblatt der Linksintellektuellen wird auch in den anderen Teilen der Bundesrepublik Deutschland und in West-Berlin von vielen gelesen und von Politikern wie Öffentlichkeit stark beachet. Ihr Nachrichtenteil ist nicht so umfangreich wie der von FAZ und Welt. Dafür befaßt sich die Zeitung oft mit Themen, die die Konkurrenzblätter vernachlässigen oder gar nicht beachten, z.B. mit Minderheiten, denen der Zugang zur Öffentlichkeit ohne die Zeitung versperrt bliebe. Die FR nimmt sich ihrer auch dann an, wenn sie Meinungen vertreten, die ihre Redakteure für falsch halten.

3.2.3 Straßenverkaufszeitungen

Boulevardblätter

Fast sieben Millionen Menschen kaufen täglich an einem *Kiosk* oder einem *stummen Verkäufer* eine Boulevard- bzw. Straßenverkaufszeitung. Bei diesen Zeitungen dominieren großflächige Fotos und reißerische Schlagzeilen in großen Lettern. Ihre populär-sensationelle Aufmachung zielt auf die Neugier, den Sensationshunger, den Nervenkitzel und die Emotionen des Publikums, was bei der Themenauswahl und deren Aufbereitung – sehr beliebt: sex und crime – eine Rolle spielt.

Auflagenstärkstes Blatt: Die Bildzeitung

Die größte Straßenverkaufszeitung in der Bundesrepublik ist die überregionale „Bild"-Zeitung, die wie „Die Welt" zum Springerkonzern gehört und dieselbe politische Linie vertritt. Von ihr werden täglich fünf Millionen Exemplare abgesetzt. Wegen ihres Stils und der dubiosen Recherchiermethoden ihrer Reporter stand sie oft im Mittelpunkt berechtigter Kritik. Ihren wirtschaftlichen Aufschwung hat dies jedoch nicht bremsen können.

Alle anderen Straßenverkaufszeitungen werden nur in bestimmten Regionen verbreitet.

Mit anspruchsvollem Feuilleton: Die Münchner Abendzeitung

Manche Straßenverkaufszeitungen beweisen, daß man auch mit einem anspruchsvolleren Niveau Erfolg haben kann. Ein Beipiel dafür ist das Feuilleton der Münchner „Abendzeitung", das sich bemüht, Probleme und Ereignisse aus dem kulturellen Leben einfach und attraktiv darzustellen.

Boulevardblätter

Titel	*Verlagsort*	*Auflage*
Bild	Hamburg	5 415 000
Express	Köln	440 000
BZ	Berlin	310 000
Abendzeitung	München	280 000
Hamburger Morgenpost	Hamburg	164 000
Abendpost/Nachtausgabe	Frankfurt	139 000

3.3 Politische Wochenzeitungen

Meinungsbildende Wochenpresse

Nach dem Zweiten Weltkrieg entwickelte sich in der Bundesrepublik Deutschland ein neuer Zeitungstyp: die meinungsbildende Wochenzeitung, die weniger der Nachrichtenvermittlung dient als der bewertenden und vertiefenden Erörterung aktueller Themen durch Hintergrundberichterstattung und Kommentare. Die wichtigsten sind:

Politische Wochenzeitungen		
Titel	*Politische Haltung*	*Auflage*
Die Zeit	(links-)liberal	388 000
Deutsches Allgemeines Sonntagsblatt	liberal; evangelisch	133 000
Rheinischer Merkur/ Christ und Welt	konservativ; katholisch	134 000
Bayernkurier	CSU-Blatt	168 000
Vorwärts	SPD-Blatt	55 000

Eine Sonderstellung nimmt das *Nachrichtenmagazin* „Der Spiegel" ein, das wöchentlich mit einer Auflage von 941 000 Exemplaren erscheint.

3.4 Publikumszeitschriften

Zu den Publikumszeitschriften zählt man:

- Illustrierte
- Frauenzeitschriften
- Regenbogenpresse
- Programmzeitschriften
- Zielgruppenzeitschriften

Gesamtauflage: 88 Millionen Exemplare

Die Gesamtauflage der Publikumszeitschriften beträgt 88 Millionen Exemplare pro Erscheinungszeitraum (meist wöchentlich oder vierzehntäglich).

Der Begriff „Publikumszeitschrift" ist nicht präzise definiert. Nannte man Publikumszeitschriften früher solche Blätter, die sich mit ihrem breitgefächerten Inhalt mehr oder minder an jedermann wandten, so zählt man jetzt auch solche Zeitschriften dazu, die sich an genau begrenzte *Zielgruppen* wenden, z.B. Haus- und Gartenfreunde oder Jugendliche.

Spezialisierung

Spezialisierung und Orientierung auf fest umrissene Zielgruppen kennzeichnen die Entwicklung auf dem Zeitschriftensektor. Während allgemeine Themen und Ereignisse in den anderen Massenmedien behandelt werden, erwartet der Leser von der Zeitschrift, daß sie das ganze Heft hindurch auf seine ganz besonderen Interessen eingeht, sei es als Freund guter Küche oder schönen Wohnens, als Hobby-Bastler oder Freizeit-Kapitän, als Hausfrau oder Lebenshilfe suchender Einsamer. Für die Werbung treibende Wirtschaft hat eine solche Spezialisierung den Vorteil, daß sie z.B. mit einer Anzeige für ein neues Segelboot in der Boots-Zeitschrift mit erheblich weniger Kosten mehr Interessenten erreicht als mit einer teuereren Anzeige in einer auflagenstärkeren Illustrierten.

Vorteile für Werbewirtschaft

Führende Publikumszeitschriften

Titel	*Verlag*	*Auflage in Millionen*
Hör Zu	Springer	3,8
Das Haus	Burda	2,7
TV-Hören und Sehen	Springer	2,6
Fernsehwoche	Bauer	2,6
Neue Post	Bauer	1,9
Funkuhr	Springer	2,6
Stern	Gruner und Jahr	1,6
Burda-Moden	Burda	1,4
Bunte	Burda	1,3
Bravo	Bauer	1,3[1]

3.5 Verbandpresse

Zeitungen für Mitglieder

Jede Gewerkschaft und fast jeder Verband unterhalten zur Information ihrer Mitglieder eine Zeitung. Die größte Einzelgewerkschaft, die Industriegewerkschaft Metall, verbreitet alle 14 Tage ihre Zeitschrift „Metall“ in einer Auflage von 2,6 Millionen Exemplaren.

1) Quelle: IVW 2. Quartal 1982.

Wieviele Titel es im Bereich der Verbandsblätter genau gibt, ist nicht bekannt. Ihr Ziel ist es, die Mitglieder *über wichtige Fachfragen* zu informieren und ihnen eine *Identifikation mit dem Verband* zu ermöglichen.

Ein herausragendes Beispiel für die Verbandspresse ist die monatlich mit einer Auflage von 6,8 Millionen Exemplaren erscheinende „ADAC-Motorwelt", die im Stil einer Illustrierten aufgemacht ist und allen Mitgliedern des ‚Allgemeinen Deutschen Automobil-Clubs" zugestellt wird.

Religionspresse

Die *Kirchenpresse* besteht im katholischen Bereich aus mehr als 100 Zeitungen mit einer Gesamtauflage von über 10 Millionen (Missions- und Ordenszeitschriften 2,5 Millionen, Bistumsblätter 1 Million). Für die evangelische Kirche und ihr religiöses Umfeld nennt Georg Giersberg[1)] Schätzungen von 800 bis 1000 Titeln mit einer theoretischen Wochenauflage von 3 Millionen. Der „Wachtturm" der Zeugen Jehovas erscheint 14täglich in mehr als 400000 Exemplaren.

3.6 Fachzeitschriften

Fach-Informationen

Rund 3000 Fachzeitschriften mit einer Auflage von insgesamt 40 Millionen Exemplaren gibt es in der Bundesrepublik Deutschland. Sie dienen vor allem der Unterrichtung über Neuigkeiten und Entwicklungen im jeweiligen *Fachgebiet,* z.B. Recht, Wirtschaft, Politik, Medizin, Ingenieur- und Naturwissenschaften, Kultur, Pädagogik und Sport, Industrie und Handel usw. Neben monatlichen Periodika mit hohen Auflagen, die von einem großen Mitarbeiterstab in den führenden Fachzeitschriftenverlagen hergestellt werden, gibt es viele, die vier bis sechs Mal pro Jahr in geringer Auflage erscheinen und nur von wenigen, oft nur einer einzelnen Per-

1) Frankfurter Allgemeine: „Die kirchliche Presse kämpft gegen Auflagenschwund", 15.2.1983

son redigiert werden. Die überwiegende Mehrheit der Fachzeitschriften richtet sich an bestimmte Berufsgruppen. Manche Titel wie „Forschung-Mitteilungen der Deutschen Forschungsgemeinschaft“ oder „Spracharbeit“, herausgegeben vom Goethe-Institut, haben weltweite Verbreitung.

3.7 Anzeigenblätter

Kostenlos verbreitete Stadtteilwerbung

Da einer *orts*- und *stadtteilbezogenen Werbung* in den Regionalzeitungen wegen der Größe ihrer Einzugsgebiete vor allem kostenbedingte Grenzen gezogen sind, entwickelten sich entsprechend kleinräumigere kostenlos verbreitete Anzeigenblätter mit und ohne redaktionellem Teil. 1982 wurden sie nach Schätzungen in einer Auflage von 40 Millionen Stück verteilt. Inzwischen haben die örtlichen Zeitungsverlage diese Konkurrenz weitgehend aufgekauft bzw. verlegen selbst Anzeigenblätter. Über den Umsatz herrscht Unklarheit. Während ihn der Verlegerverband deutscher Anzeigenblätter für 1981 auf 800 Millionen Mark bezifferte, schätzten Medienexperten ihn auf zwei Milliarden Mark.

3.8 Alternative Presse

Alternative Inhalte und Organisationsformen

Der Bedarf an orts- und stadtteilbezogener Kommunikation sowie der Wunsch nach *alternativen Medieninhalten* hat vielerorts zur Gründung von Alternativblättern geführt. Als Herausgeber fungieren zum einen Bürgerinitiativen und Gruppen, die besonders lokalpolitische Vorgänge und Entwicklungen behandeln. Im Gegensatz zur bürgerlichen Presse verzichten sie bewußt auf irgendeine Form von ausgewogener Berichterstattung, sondern beziehen parteilich Stellung und nehmen mitunter auch Konflikte mit der Justiz in Kauf.

Zum anderen gibt es die *Scene-Presse*, die ebenfalls anstelle der bürgerlichen Presse ein Podium für den Informationsaustausch bildet. Den Einzelpersonen, Gruppen und Institutionen aus allen Bereichen der Subkultur geht es bei der Herausgabe nicht um eine breite Öffentlichkeit, sondern lediglich darum, die eigene Gruppe bzw. Sympathisanten zu erreichen.[1)]

Lokale Parteiblätter

Aus Unzufriedenheit mit der Darstellung ihrer Aktivitäten und Ziele in Presse und Rundfunk geben örtliche Parteigliederungen *lokale Parteizeitungen* heraus. Dies ist auch als Reaktion auf den Niedergang der Parteipresse zu werten. Nach Schätzungen gibt es rund 2.500 solcher lokaler Parteizeitungen (1.200 SPD, 800 DKP, 400 CDU/CSU und 50 FDP).[2)]

---

1) Vgl. *Wolfgang Beywl*, Die Alternativpresse – ein Modell für Gegenöffentlichkeit und seine Grenzen. In: Aus Politik und Zeitgeschichte. Beilage zum „Parlament“ Nr. B 45/82 v. 13. 11. 82.
2) *Kurt Koszyk/Karl Hugo Pruys* (Hrsg.), Handbuch der Massenkommunikation, München 1981, S. 11.

4 Rundfunk

Oberbegriff für Hörfunk und Fernsehen

Rundfunk ist für den Fachmann der Oberbegriff für Radio (Hörfunk) und Fernsehen, genauer „die für die Allgemeinheit bestimmte Veranstaltung und Verbreitung von Darbietungen aller Art in Wort, in Ton und in Bild unter Benutzung elektrischer Schwingungen ohne Verbindungsleitung oder längs oder mittels eines Leiters". (Art. 1 des Rundfunkgebührenstaatsvertrags).

4.1 Landesrundfunkanstalten und ARD

In der Bundesrepublik gibt es neun selbständige Landesrundfunkanstalten. Sie produzieren jeweils mindestens zwei (meistens drei) *Radioprogramme* sowie *regionale Fernsehprogramme*. Alle Landesrundfunkanstalten beteiligen sich entsprechend ihrer Größe mit Beiträgen am Programm des (ersten) *Deutschen Fernsehens* (ARD), das gemeinsam für die Bundesrepublik ausgestrahlt wird. Hier die *Landesrundfunkanstalten* mit Namen und Adressen und ihren Anteilen am ARD-Fernsehprogramm:

Bayerischer Rundfunk (BR)
Rundfunkplatz 1
8000 München 2
Telefon 0 89-5 90 00
17 Prozent

Hessischer Rundfunk (HR)
Bertramstraße 8
6000 Frankfurt am Main
Telefon 06 11-15 51
8 Prozent

Norddeutscher Rundfunk (NDR)
Rothenbaumschausee 132 – 134
2000 Hamburg 13
Telefon 0 40-41 31
19 Prozent

Radio Bremen (RB)
Heinrich-Hertz-Straße 13
2800 Bremen 33
Telefon 04 21-2 38 41
3 Prozent

Saarländischer Rundfunk (SR)
Funkhaus Halberg
6600 Saarbrücken
Telefon 06 81-60 21
3 Prozent

Sender Freies Berlin (SFB)
Masurenallee 8 – 14
1000 Berlin 19
Telefon 0 30-30 81
8 Prozent

Süddeutscher Rundfunk (SDR)
Neckarstraße 230
7000 Stuttgart 1
Telefon 07 11-28 81
8 Prozent

Südwestfunk (SWF)
Hans-Bredow-Straße
7570 Baden-Baden
Telefon 07 21-27 61
9 Prozent

Westdeutscher Rundfunk (WDR)
Appellhofplatz 1
5000 Köln 1
Telefon 02 21-22 01
25 Prozent

Die Zusammenarbeit der Landesrundfunkanstalten in der *Arbeitsgemeinschaft der öffentlich-rechtlichen Rundfunkanstalten der Bundesrepublik*

Deutschland (ARD) beschränkt sich nicht auf das ARD-Fernsehprogramm, sondern betrifft viele Bereiche, z.B. die Entsendung von gemeinsamen Hörfunkkorrespondenten ins Ausland, die Fortentwicklung der Hörfunk- und Fernsehtechnik oder die Fortbildung der Mitarbeiter.

Zur ARD gehören als Mitglied ferner die zwei Bundesrundfunkanstalten *Deutschlandfunk* (sendet für ganz Deutschland und das europäische Ausland) und *Deutsche Welle* (sendet über Kurzwelle in alle Teile der Welt). *RIAS Berlin,* eine amerikanische Anstalt, ist beratendes Mitglied in der ARD.

4.2 Das Zweite Deutsche Fernsehen (ZDF)

Konkurrenz für die ARD

Entstanden ist das ZDF als Konkurrenz zur ARD durch den am 1.12.1961 in Kraft getretenen Staatsvertrag der Bundesländer über die Errichtung der gemeinnützigen Anstalt des öffentlichen Rechts „Zweites Deutsches Fernsehen". Adresse: Zweites Deutsches Fernsehen, Essenheimer Landstraße, 6500 Main 1, Tel. 06131/701. Chefredaktion und Sendeleitung: Unter den Eichen, 6200 Wiesbaden, Tel. 06121/5311.

4.3 Grundsätze der Rundfunkorganisaton

Kein Staatsrundfunk

Insgesamt hat das Bundesverfassungsgericht dreimal in Auslegung des Grundgesetzartikels 5 Absatz 1 Satz 2 Grundsätze zur Rundfunkfreiheit veröffentlicht: 1961, 1971 und 1981. (Vgl. Abschnitt 6 Medienpolitik). Im sogenannten *Fernsehurteil* von 1961 verbot es Staatsrundfunk und erklärte die

Rundfunkkompetenz zur Ländersache. Es durchkreuzte damit die Pläne der Regierung Adenauer, eine staatseigene „Deutschland Fernsehen GmbH“ ins Leben zu rufen. Außerdem hieß es in dem Urteilsspruch, Rundfunkveranstalter müßten so organisiert sein, daß „alle in Betracht kommenden Kräfte in ihren Organen Einfluß haben und im Gesamtprogramm zu Wort kommen können, und daß für den Inhalt des Gesamtprogramms Leitgrundsätze verbindlich sind, die ein Mindestmaß an inhaltlicher Ausgewogenheit, Sachlichkeit und gegenseitiger Achtung gewährleisten.“

Rundfunkpolitik ist Ländersache

Die Aufsichtsgremien der öffentlich-rechtlichen Rundfunkanstalten sind unterschiedlich besetzt. Welche bedeutenden gesellschaftlichen Gruppen dort Mitglied sind, bestimmt der jeweilige Gesetzgeber. In den *Rundfunkräten* vieler Anstalten finden sich u.a. Vertreter der Kirchen, Gewerkschaften und Arbeiterverbände, Journalistenverbände, Jugendringe, Sportverbände, Lehrerverbände und Hochschulen. Die Vertreter sind erheblich unabhängiger, wenn sie nicht vom Parlament (nach Parteienproporz), sondern von ihrer Organisation unmittelbar entsandt werden. Die Zahl der Vertreter von Parlament und Regierung sollte im Interesse der Staatsferne des Rundfunks möglichst niedrig gehalten werden; ein 1973 in die Bayerische Verfassung eingefügter Artikel 111a begrenzt für Bayern die Zahl der Staatsvertreter in den Kontrollorganen auf ein Drittel.

Gesellschaftliche Kontrolle

Besonders hoch ist der *Anteil der Staatsvertreter* im Rundfunkrat der beiden Bundesanstalten Deutsche Welle und Deutschlandfunk mit jeweils drei Vierteln der Gesamtzahl.

Staatseinfluß beim Rundfunk

Ein mehr *indirekter Staatseinfluß* kennzeichnet die Aufsichtsgremien des Westdeutschen Rundfunks und des Zweiten Deutschen Fernsehens. Beim Fernsehrat des ZDF kommen zu den zwei Fünfteln unmittelbarer Staatsvertreter noch all jene Fernsehratsmitglieder hinzu, die zwar nicht einer Staatsgewalt unmittelbar angehören, aber durch

Parteieneinfluß beim Rundfunk

sie (nämlich durch die Ministerpräsidenten der Länder) ausgewählt und entsandt werden. Mit Ausnahme der autonom entsandten fünf Kirchenvertreter suchen die Ministerpräsidenten alle restlichen Fernsehratsmitglieder teils aus parteipolitisch und regional abgestimmten Dreiervorschlägen der im ZDF-Staatsvertrag genannten Gruppen (21 Mitglieder) aus, teils aus „Bereichen" (10 Mitglieder) – des Erziehungs- und Bildungswesens, der Wissenschaft und der Kunst – bzw. (4 Mitglieder) sozialen Feldern – Freie Berufe, Familienarbeit, Frauenarbeit, Jugendarbeit.

Die 21 Mitglieder des WDR-Rundfunkrats wählt der Landtag von Nordrhein-Westfalen „nach den Grundsätzen der Verhältniswahl". Die gesellschaftlichen Gruppen sind hingegen auf einen machtlosen Programmbeirat verwiesen, in den der parteiproportional zusammengesetzte Rundfunkrat für jede der 19 in der WDR-Satzung genannten Gruppen ein Mitglied wählt.

Anstalten des öffentlichen Rechts

Zweites Kontrollorgan neben dem Rundfunkrat ist der *Verwaltungsrat*; auch Zuständigkeiten und Zusammensetzung des Verwaltungsrats sind in den Landes-Rundfunkgesetzen erheblich verschieden geregelt; beim WDR wählt der (ausschließlich parteipolitisch beschickte) Verwaltungsrat den *Intendanten*; bei den anderen Rundfunkanstalten wird er vom Rundfunkrat gewählt. Der Intendant, dessen Amtszeit jeweils vier bis sechs Jahre beträgt, leitet die Rundfunkanstalt und vertritt sie gerichtlich und außergerichtlich. Die Rundfunkanstalten in der Bundesrepublik sind *Anstalten des öffentlichen Rechts*; sie gehören weder einem privaten Unternehmen noch dem Staat. „Öffentliches Recht" bedeutet allerdings nur den Gegensatz zum Privatrecht, nicht aber macht dieser Begriff, wie manche meinen, die Anstalten zu Anwälten der öffentlichen Gerechtigkeit oder des Rechts im öffentlichen Leben.

ARD-Jahrbuch, Hamburg, erscheint jährlich neu.
ZDF-Jahrbuch, Mainz, erscheint jährlich neu.

4.3.1 Die Kontrolle des Rundfunks und der Parteieineinfluß

Der Intendant ist verantwortlich für alles, was seine Anstalt in Radio und Fernsehen sendet. Das funktioniert natürlich nur, indem er diese Verantwortung nach hierarchischen Gesichtspunkten auf viele Mitarbeiter delegiert. Die Aufsichtsgremien kontrollieren und beraten ihn. Meist sind sie an den wichtigsten Personalentscheidungen beteiligt.

Anteil der Staatsvertreter im Rundfunkrat (RR)

	RR-Mitglieder	Zahl der Staatsvertreter		Anteil der Staatsvertreter
BR	50	1 Staatsregierung 12 Landtag 3 Bayer. Senat	16	knapp 1/3
HR	z.Zt. 19	1 Landesregierung 5 Landtag	6	knapp 1/3
NDR	mind. 30	3 LT Niedersachsen 1 Hamburger Bürgersch. 1 LT Schlesw.-Holstein	z.Zt. 5	z.Zt. 1/6
RB	z.Zt. 36	4 Bremische Bürgerschaft 2 Stadtgemeinde Bremen 2 Stadtgem. Bremerhaven	8	weniger als 1/4
SR	z.Zt. 26	1 Landesregierung 3 Landtag	4	weniger als 1/6
SFB	31	8 Abgeordnetenhaus		knapp 1/4
SDR	z.Zt. 33	5 Landtag		weniger als 1/6
SWF	49	3 Regierung(en) 8 Landtag(e)	11	weniger als 1/4
WDR	21	nicht mehr als vier aus BT oder LT		nur nominal ca. 1/5 tatsächlich 100 Prozent
ZDF	66	11 Landesregierungen 3 Bundesregierung 12 Parteien	26	nur nominal 2/5 tatsächl. „Staats"-anteil viel höher
DLF	22	6 Bundestag 6 Bundesrat 5 Bundesregierung	17	fast 3/4
DW	11	2 Bundestag 2 Bundesrat 4 Bundesregierung	8	fast 3/4

Stand: 1. 12. 1982

Probleme der Kontrolle des Rundfunks

Über die Wirksamkeit der Kontrolltätigkeit gibt es nur wenige Untersuchungen. In der Presse wird fast ausschließlich über Einzelfälle – z.B. die Mißbilligung einer bestimmten Sendung – berichtet, ohne daß auf die generelle Problematik der gesellschaftlichen Kontrolle des Rundfunks eingegangen wird. Stattdessen wird sehr oft auf den Parteieneinfluß innerhalb der Gremien abgehoben, wobei nur selten ein Unterschied gemacht wird zwischen Parteipolitikern, die aus dem Bereich des Staates (Parlament, Regierung) in ein Aufsichtsgremium delegiert wurden und Vertretern gesellschaftlicher Gruppen, die sozusagen als Privatleute Mitglieder oder Sympathisanten einer Partei sind. (Vgl. Kasten über Anteil der Staatsvertreter in den Rundfunkräten).

Vorschläge zur Eindämmung des Parteieneinflusses in den Gremien kamen vor allem aus der Wissenschaft. Aber sie wurden allenfalls in rundfunkpolitisch interessierten Kreisen diskutiert und nie in der praktischen Politik wirksam. In Wirklichkeit nahm der Einfluß der Parteien wie im gesamtgesellschaftlichen Leben eher zu als ab.

Jörg Hennig, Rundfunkräte auf dem Prüfstand, Schriftenreihe der Bundeszentrale für politische Bildung, Bonn 1981.

4.3.2 Finanzierung und Staatsunabhängigkeit

Rundfunkgebühren

Die Rundfunkanstalten finanzieren sich im wesentlichen durch die *Rundfunkgebühr* (aufgeteilt in Radio-Grundgebühr und Fernsehgebühr), deren Höhe jeweils in einem von den Ländern abzuschließenden Staatsvertrag festgesetzt wird: 30 Prozent der Fernsehgebühr erhält das ZDF. Von der *Rundfunkgebührenpflicht* sind bestimmte Personengruppen aus sozialen Gründen befreit (z.B. Blinde und Hörgeschädigte; an die Wohnung gebundene Behinderte oder solche, die wegen ihres Leidens öffentliche Veranstaltungen ständig nicht besuchen können; Personen mit geringerem Einkommen), ferner

Krankenhäuser, Heime für Behinderte, Jugend- und Kinderheime usw. Auch wer nicht gebührenpflichtig ist, muß sein Empfangsgerät anmelden und Gebührenbefreiung beantragen.

Als nach dem Krieg die Rundfunkgebühr festgelegt wurde, einigten sich die zuständigen Politiker auf eine Höhe von zwei Mark. Für die Neuentwicklung Fernsehen erhob man ab 1952 eine Gebühr von fünf Mark. Da immer neue Teilnehmer hinzukamen, war die Finanzierung des Rundfunks gesichert. Als die Wachstumsraten in den sechziger Jahren zurückgingen, pochten die Anstalten auf eine Erhöhung. Sie mußten jedoch lange kämpfen, bis die Landesparlamente 1969 die erste Gebührenerhöhung zugestanden. Ähnlich war die Situation auch später, wenn den Rundfunkanstalten die Kosten wegliefen: Die Politiker zögerten und mußten sich den Vorwurf gefallen lassen, sie setzten die Funkhäuser unter Druck, etwa nach dem Motto: Macht erst einmal Programme, die uns besser gefallen und uns politisch angenehmer sind, dann reden wir auch über die Gebührenanpassung.

Politischer Druck bei Gebührenfestsetzung

Die Gefahr, daß der Rundfunk von Politikern in der Gebührenfrage unter *politischen Druck* geraten könnte, hatten die drei Verfassungsrichter Geiger, Rinck und Wand schon 1971 angesprochen, und zwar in ihrer abweichenden Meinung zum sog. Mehrwertsteuerurteil des Bundesverfassungsgerichts. Sie erklärten, daß es dem Grundsatz der Freiheit und Unabhängigkeit vom Staat entsprechen würde, wenn die Höhe der Rundfunkgebühr nicht vom Staat, sondern von den Organen der Anstalt festgesetzt würde. In der Gebührenfestsetzung durch den Staat liege eine Einschränkung dieses Grundsatzes. Sie sei so lange mit dem Grundsatz der Freiheit und Unabhängigkeit der Anstalt vom Staat vereinbar, als der Staat nicht „über seine Entscheidungszuständigkeit Einfluß auf das Programm zu nehmen sucht, also eine ausreichende Finanzierung der Anstalten sichert.“[1]

1) BVerfGE Band 31, S. 337 ff.

Wie staatsunabhängig sind Hörfunk und Fernsehen?

Hans Bausch hat als Intendant des Süddeutschen Rundfunks jahrelang Erfahrungen in Sachen Gebühren gesammelt. Seine Ausführungen darüber sind gleichzeitig eine realistische Erörterung der Frage, wie *staatsunabhängig* der Rundfunk in der Bundesrepublik ist. Bausch bezeichnet die Rundfunkgebühr als politischen Preis und schreibt:

„Die herrschenden Politiker bestimmen, welchen Stellenwert der Rundfunk in der Infrastruktur der Gesellschaft hat, wie konkurrenzfähig er im Vergleich zu den privatwirtschaftlich organisierten Druckmedien sein darf, bis zu welchem Maße er sich quantitativ und qualitativ publizistisch und künstlerisch entfalten kann. Das Problem der Finanzierung des Rundfunks ist deshalb kein schieres Finanzproblem, sondern Maßstab für die Unabhängigkeit der Institution und für die Erfüllung des Programmauftrags. Dieser Maßstab wird nicht gesetzt von den die gesellschaftlichen Kräfte repräsentierenden Aufsichtsorganen der Rundfunkanstalten, sondern von den für die Ausübung der Macht im Staat gewählten Politikern.

Viele Fragen, die in den letzten zehn Jahren aufgeworfen wurden, harren noch einer endgültigen und grundsätzlichen Antwort. Wer bestimmt den Umfang des Programmauftrags einer Rundfunkanstalt: die Organe des Rundfunks oder indirekt der Staat, indem er die Höhe der Einnahmen festlegt? Können die Ministerpräsidenten mit der Gewährung einer Gebührenerhöhung „Erwartungen“ oder gar „Bedingungen“ formulieren und auf diese Weise eine Superkontrolle über den Rundfunk ausüben? Sind Exekutive und Legislative der Bundesländer jene Macht über den Rundfunk zugewachsen, die beim gouvernementalen Rundfunk der Weimarer Republik die von der Reichspost kontrollierte Reichs-Rundfunk-Gesellschaft ausübte?“[1)]

---

1) *Hans Bausch*, Rundfunkpolitik nach 1945. Zweiter Teil. S. 664 f. In: *Hans Bausch* (Hrsg.), Rundfunk in Deutschland. München 1980.

Die Finanzierung der Rundfunkanstalten wird wesentlich ergänzt durch die *Einnahmen aus der Werbung* in Radio und Fernsehen. So kamen zum Beispiel 1981 über ein Drittel der Einnahmen des ZDF aus der Werbung. Die Werbung ist vom übrigen Programm deutlich abgesetzt und zeitlich begrenzt. So strahlen die Landesrundfunkanstalten werktags vor Beginn des ARD-Abendprogramms bis zu 20 Minuten Werbung aus.

Werbeeinnahmen ergänzen die Etats

Beim ZDF kosteten 30 Sekunden 1981 brutto 45.867 Mark, im Hörfunk des Hessischen Rundfunks mußte man für 30 Sekunden im gleichen Jahr 1.300 Mark zahlen. Beide Angaben beziehen sich lediglich auf die Ausstrahlung. Die Kosten für die Produktion der Werbespots kommen noch hinzu.

Die Werbung im öffentlich-rechtlichen Rundfunk ist nicht unumstritten. Die Verleger bezeichnen sie oft als „den Sündenfall" des öffentlich-rechtlichen Systems. Die Anstalten argumentieren, daß sie den Programmauftrag, den sie gegenüber dem Publikum haben und den die Aufsichtsgremien formulieren, ohne die Zusatzeinnahmen nicht erfüllen könnten. Am Gesamt-Werbeumsatz von 1981 waren die Presse mit 65 Prozent, die Rundfunkanstalten mit 14 Prozent beteiligt.[1)]

Verleger sind gegen Werbung im öffentlich-rechtlichen Rundfunk

Hans Bausch (Hrsg.), Rundfunk in Deutschland. 5 Bände, München 1980.
Heiko Flottau, Hörfunk und Fernsehen heute. 2., bearbeitete Auflage, München/Wien 1978.
Karl-Otto Saur, 100 mal Fernsehen und Hörfunk, Mannheim 1978.

4.4 Radio (Hörfunk)

4.4.1 Geschichte

„Hier Sendestelle Berlin, Voxhaus, Welle 400". Der 29. Oktober 1923, an dem diese Ansage aus dem Studio der „Deutschen Radiostunde AG" in den Äther ging, gilt als Geburtstag des deutschen

1) Quelle: Media Perspektiven 5/1982, S. 328 f.

Rundfunks (das damals erfundene deutsche Wort für den in der übrigen Welt üblichen Begriff *Radio*). Erstes Programm: eine Konzertstunde von acht bis neun Uhr abends. Am 1. Dezember sind bei der Deutschen Reichspost 467 Rundfunkteilnehmer gemeldet.

Die Anfänge des Radios

Die technischen Grundlagen waren nicht neu. Bereits 1888 beweist Heinrich Hertz, daß sich die durch Funkentladung erzeugten *elektromagnetischen Wellen* ebenso wie Lichtwellen verbreiten. 1900 wird die erste deutsche Funktelegraphenanlage (zwischen Borkum und Feuerschiff Borkum/Riff) für den allgemeinen Verkehr in Betrieb genommen, 1906 über die 40 Kilometer lange Strecke von Nauen nach Berlin drahtlos-telephonisch Sprache und Musik übertragen.

1917 finden an der deutschen Westfront Versuche mit *Röhrensendern* zur Modulation der Hochfrequenzschwingungen statt. 1921 überträgt der Sender Königs Wusterhausen „Madame Butterfly" aus der Berliner Staatsoper; im Juli 1923 wird das bis dahin geltende Rundfunkempfangsverbot für Private aufgehoben.

Politischer Mißbrauch durch die Nationalsozialisten

Die von Geschäftsleuten 1923 und 1924 gegründeten *neun regionalen Sendegesellschaften* gerieten immer stärker in Abhängigkeit vom Staat, der auf Enthaltsamkeit im parteipolitischen Meinungsstreit der Weimarer Republik achtete und Auswahl und Formulierung der von der zentralen *Reichsrundfunkgesellschaft* gelieferten Nachrichten beeinflußte. Nach der nationalsozialistischen Machtergreifung 1933 ließ Joseph Goebbels die Sendegesellschaften auflösen und unterstellte sie als *„Reichssender"* zusammen mit der Reichsrundfunkgesellschaft dem von ihm geleiteten *Reichsministerium für Volksaufklärung und Propaganda.*

Der Mißbrauch des Rundfunks im dritten Reich als Propagandainstrument des NS-Regimes bewog nach dem Krieg die Westmächte, beim *Neuaufbau des Rundfunks in den drei Besatzungszonen* einer ähnlichen Entwicklung vorzubeugen. Deshalb legten sie besonderen Wert auf eine durch *gesellschaftlich organisierte Aufsichtsgremien kontrollierte Unabhängigkeit* der Rundfunkanstalten von der Regierung und auf Programmrichtlinien, die an freiheitlichen, rechtsstaatlichen und demokratischen Idealen orientiert waren.

4.4.2 Besonderheiten

„Den Totenschein hatte man schon ausgestellt", schreibt der Radio-Redakteur Peter Coulmas[1] glossierend über jene Jahre, als das Fernsehen bei uns Triumphe feierte und das alte „Dampfradio" als ein Fernsehen ohne Bild bemitleidet und mißverstanden wurde. Inzwischen hat sich aber die Erfahrung durchgesetzt, daß das, was für das Verhältnis Presse – elektronische Medien gilt, auch die Situation zwischen den beiden elektronischen Medien selbst kennzeichnet: sie ergänzen sich durch ihre Besonderheiten.

Verhältnis Fernsehen – Hörfunk

Radiohören kann man *überall und jederzeit:* zu Hause, während der Arbeit, im Auto, am Ufer eines Badesees, je nach den Umständen auch im Betrieb.

Radiohören ist *weniger anstrengend* als Fernsehen: Weder braucht man sich vor das Gerät zu setzen, noch muß man seinen Blick auf das Bild konzentrieren. Musik (die sich vor allem ans Ohr richtet) ist deshalb (neben Nachrichten, Wetter und Zeitansage) der wichtigste Bestandteil eines Radioprogramms; Stereo-Wiedergabe steigert das Hörerlebnis.

Radio ist Kino im Kopf

Radiohören spricht die *Phantasie* an: Bei einem Kriminalhörspiel z.B. läßt das Knarren der Diele oder der schrille Schrei einer ängstlichen Dame

1) *Peter Coulmas,* Radio ohne Zukunft? Osnabrück 1973, S. 7.
Rudolf Arneim, Rundfunk als Hörkunst, München/Wien 1979.

beim Hörer viel intensivere Bilder aufkommen als das mitgelieferte Bild im Fernsehen. Der Hörer sieht sozusagen mit dem inneren Auge. Dadurch, daß er die akustisch aufgenommenen Informationen in bildliche Vorstellungen umsetzt, macht er sie sich stärker und dauerhafter zu eigen.

Radiohören bringt *Menschen ins Zimmer*. Weil eine Stimme, deren Besitzer man nicht sieht, die Phantasie des Hörers anregt und die bei realen Begegnungen übliche Distanz überbrückt, sind Sprecher (vor allem, wenn sie frei und live formulieren) oftmals durch ihre akustische Anwesenheit genauso wichtig wie durch das, was sie sagen.

Beteiligung der Hörer

Das Radio erlaubt *Beteiligung*: An vielen Sendungen können Hörer durch einen Telefonanruf mitwirken: indem sie in der Sendung Wünsche äußern, Fragen stellen, selbst Fragen beantworten, ihre Meinung sagen, Kritik üben. Die Mitwirkung per Telefon ist dem akustischen Medium Radio voll angemessen.

Radioberichterstattung ist *technisch einfach:* Ein Telefonanruf des Reporters oder Korrespondenten genügt, und der Hörer ist mit jedem Teil der Erde verbunden. Radioberichterstattung ist *rasch und unmittelbar*. Stündliche Nachrichtensendungen rund um die Uhr machen das Radio zum aktuellsten Medium.

4.4.3 Programme

Das Programmangebot

Die Rundfunkanstalten der ARD strahlen 30 Hörfunkprogramme aus, vom frühen Morgen bis in die späte Nacht. Von 22.30 Uhr bis 6.00 Uhr gibt es das bundesweite *ARD-Nachtprogramm*, und seit März 1980 wird von 0.05 Uhr bis 2.00 Uhr täglich das *ARD-Nachtkonzert* bundesweit ausgestrahlt.

Zwar sind nicht alle Programme der ARD in allen Teilen der Bundesrepublik zu hören; an jedem Ort können die Teilnehmer jedoch zwischen mindestens drei Hörfunkprogrammen eines Senders wählen. Meist sind auch die Programme weiterer Anstalten empfangbar.

Die *Deutsche Welle* strahlt Sendungen für das Ausland aus, und zwar in 34 Sprachen. Der *Deutschlandfunk* wendet sich in deutscher Sprache an Hörer in ganz Deutschland und in zwölf Fremdsprachen an Hörer im europäischen Ausland.

Vorproduziert oder „live"

Das Programm geht von einem *Senderaum* im Funkhaus zu den Sendetürmen, die es ausstrahlen. *Vorproduzierte Sendungen* (z.B. Hörspiele, Opern, informative Features) liegen als Bänder zur Sendung bereit; ebenso werden einzelne Beiträge und der größte Teil der Musik vom Band abgespielt, ein kleinerer Teil von Schallplatten. „Live", also zum Zeitpunkt der Sendung entstehend, sind die Ansagen der Stationssprecher und meist auch die verbindenden Texte von Moderatoren in aktuellen Musiksendungen. Der Vorteil der stärkeren Unmittelbarkeit einer Live-Sendung gegenüber der mehr oder minder großen Sterilität einer „Tonkonserve" führte in den letzten Jahren dazu, daß immer mehr Programmbestandteile (Diskussionen, Interviews, Berichte, Konzerte usw.) live ausgestrahlt werden; gleiches gilt für Sportübertragungen (an einem Fußball-Samstagnachmittag im raschen Wechsel aus allen Bundesliga-Stadien) und wichtige Bundestagsdebatten.

Bernd-Peter Arnold, Hörfunk-Information, Opladen 1981.
Walther von La Roche/Axel Buchholz, (Hrsg.), Radio Journalismus, München 1980.

4.4.4 Neue Techniken

Speziell die Coproduktionen zwischen Hörfunk und Plattenindustrie werden nahezu ausnahmslos mit *Digitaltechnik* aufgezeichnet. Dieses Verfahren ermöglicht eine erheblich störungsärmere und naturgetreuere Wiedergabe. Die volle Qualität dieser

Aufnahmemethode können die Rundfunkanstalten mit den derzeitigen Sendern allerdings noch nicht übertragen.

Bei der magnetischen Tonaufzeichnung fällt das Rauschen durch das *Telcom-Kompander-System* weitgehend weg. Die Komprimierung des Tonsignals vor der Aufnahme auf das Tonband und die spiegelbildliche Expandierung bei der Wiedergabe ermöglichen mit diesem System heute Tonaufzeichnungen, die qualitativ der digitalen Aufzeichnung ähneln.

Die *Kunstkopfstereophonie*, eine Aufnahmetechnik, die seit 1973 im Hörfunk eingesetzt wird, hat man auf verschiedenen Gebieten weiterentwickelt. Der Kunstkopf – ein dem menschlichen Kopf nachgebildeter Schädel, in dem anstelle der Trommelfelle Mikrofone eingebaut sind – wurde ebenso verbessert wie die Wiedergabe über Kopfhörer. Diese Übertragungsform wird vor allem im Hörspiel- und Featurebereich angewendet.

Eine Spezialität des Hörfunks: Kunstkopfstereophonie. Die volle Wirkung wird nur erzielt, wenn man statt der Lautsprecher Kopfhörer benutzt.

Die *Mehrspurtechnik*, ursprünglich für das Playback-Verfahren entwickelt, bei dem einzelne Stimmen oder Musikpartien auf ein- und dasselbe Band aufgenommen werden, benutzen die Rundfunkanstalten inzwischen auch für die Ernste Musik. Verschiedene Orchestergruppen oder Solisten werden gleichzeitig auf verschiedene Spuren aufgenommen. Später ist dann eine beliebige Kombination – die Fachleute sagen: Abmischung – möglich.

Inzwischen üblich: Mehrspuraufzeichnung im Digitalverfahren

Im Bereich der Popmusik wendet man bei der Mischung der 16 bis 46 aufgezeichneten Spuren ein rechnergesteuertes Verfahren an. Auch bei Mehrspuraufzeichnung nutzt man zur Hebung der Tonqualität die Digitaltechnik.

4.5 Fernsehen

4.5.1 Geschichte

Im Jahr 1843 hat der schottische Uhrmacher Alexander Bain die Idee, daß man die Fläche eines Bildes in Helligkeitspunkte zerlegen kann. Die Helligkeitswerte sollten als elektrischer Impuls an einen anderen Ort übermittelt und dort wieder zusammengesetzt werden. Die *Bildtelegraphie* war erdacht. Es wurde möglich, stehende Bilder von einem Ort an den anderen zu funken.

Bald interessierten sich mehrere Erfinder in verschiedenen Ländern für das Problem, nicht nur stehende, sondern auch *bewegte* Bilder zu funken. Am 15. Januar 1885 erteilte das Kaiserliche Patentamt in Berlin dem Studenten Paul Nipkow das Patent zu einem „Elektrischen Teleskop" für die „elektrische Wiedergabe leuchtender Objekte". Seine Erfindung ist die sogenannte *Nipkow-Scheibe*, eine rotierende Scheibe mit 30 spiralförmig angeordneten Löchern, durch die nacheinander ein Lichtstrahl fällt. Der Strahl tastet das Objekt ab und übermittelt dessen unterschiedliche Helligkeitsgrade auf eine Fotozelle, die diese Signale als Stromimpulse weitergibt.

Wie ist es möglich, bewegte Bilder zu funken?

Lange blieb diese Erfindung vergessen. 1928, auf der 5. Großen Deutschen Funkausstellung in Berlin wurden erste, mit Hilfe der Nipkow-Scheibe produzierte *Fernseh-Versuchssendungen* vorgeführt. 1935 richtete die Deutsche Reichspost öffentliche „Fernsehstuben" in Berlin ein. Das Fernsehbild hatte nur 180 Zeilen und war noch recht unscharf. Auch die *Kameras* hatten noch solche Schwächen, daß zur richtigen Wiedergabe der Kontraste nachgeholfen werden mußte: Die Augenlider der Darsteller wurden grün gestrichen, ihre Lippen schwarz, die Haare mit Goldstaub gepudert und weiße Blusen mit einer Farbspritze schmutzig-grau gefärbt.

Der Beginn des Fernsehzeitalters

Zu den *ersten Fernsehstars* gehörten Willi Schaeffers und Johannes Heesters. Neben ihren Auftritten gab es Filmbeiträge und Wochenschauen zu sehen. Als Ansagerin wurde die junge Schauspielerin Ursula Patzschke engagiert. Da dieser Beruf bisher noch nicht vorgesehen war, stellte man sie als Postfacharbeiterin ein. In ihren ersten Sendungen trug sie Gedichte vor, spielte Ein-Mann-Stücke, schnitt aus Krepp-Papier Puppen und ließ sie vor der Kamera tanzen.

Das *Studio* bestand aus einem Raum von der Größe einer Telefonzelle. Er war gegen die Laufgeräusche der draußen aufgestellten Kameras so abgedichtet, daß die Luft schon nach wenigen Minuten heiß und stickig wurde.

Bei den Olympischen Sommerspielen 1936 in Berlin wurden über eine Zentrale die *Fernsehberichte* direkt in vierzig Länder geleitet. In Deutschland wie auch in anderen Ländern war die Entwicklung der Fernsehtechnik vorangeschritten. *Elektronische Kameras* lösten die schwerfälligen mechanischen Aufnahmegeräte ab, die mit der Nipkow-Scheibe arbeiteten. Die neue Technik bediente sich der *Kathodenstrahlröhre* von Ferdinand Braun (*„Braunsche Röhre"*). Nach England stieg auch Deutschland auf ein neues Fernsehbild mit höherer Zeilenzahl (ab 1937 die 441-Zeilen-Norm) um. Kurz vor dem Zweiten Weltkrieg wurde ein Einheitsempfänger auf den Markt gebracht, der 650 Reichsmark (etwa ein dreifaches Monatsgehalt) kostete.

Mit weiter verbesserter Qualität und einem *625-Zeilen-Bild* beginnt am 25. Dezember 1952 in der Bundesrepubili offiziell das Fernsehprogramm. Neben Ansprachen und Glückwünschen stehen ein Fernsehspiel „Stille Nacht, Heilige Nacht" und ein Tanzspiel „Max und Moritz" auf dem Programm. Fast auf den Tag genau drei Jahre später beginnt auch die DDR mit Fernsehsendungen.

Neubeginn: Ende 1952

Am 1. April 1963 nimmt das Zweite Deutsche Fernsehen seinen Sendebetrieb auf. Auf der 25. Großen Deutschen Funkausstellung in Berlin wird am 25. August 1967 das *Farbfernsehen* in der Bundesrepublik eingeführt. 1981 brachte das ZDF erstmals *Fernsehsendungen in Stereo.* Im gleichen Jahr waren über 21 Millionen Fernsehgeräte angemeldet.

4.5.2 Arbeitsweise

Aufnahmeverfahren

Das Fernsehen hat drei Bildquellen zur Verfügung: Es kann (1) Filme abspielen, die mit der *herkömmlichen Filmkamera* aufgenommen wurden; es kann sich aber auch der *elektronischen Kamera (E-Kamera)* bedienen und die mit ihr aufgenommenen Bilder entweder (2) direkt (live) oder (3) als Aufzeichnung (sog. *MAZ = Magnetische Bildaufzeichnung*) ausstrahlen. Ansagen und aktuelle Moderationen kommen immer per E-Kamera aus dem Studio; sie können mit MAZ- und Filmzuspielungen kombiniert werden.

Der Vorsprung der Filmkamera hinsichtlich ihrer Leichtigkeit und unbeschränkten Beweglichkeit wird mehr und mehr von den E-Kameras eingeholt, seitdem es tragbare Ausführungen gibt, die ihre Bilder drahtlos an den Übertragungswagen übermitteln. Häufig verwendet (z.B. als wechselnder Hintergrund für den „Tagesschau"-Sprecher) wird das *Blue-box (oder Blue-screen) -Verfahren*. Dazu muß die Person vor einer blauen Farbfläche stehen oder sitzen. Nimmt nun eine Trickkamera die Person samt blauer Umgebung auf, so kann über einen Trickmischer die Hintergrundbildquelle (Foto, Dia, Film oder MAZ) mit Hilfe der Blue-Box so dazugemischt werden, daß sie die Person ausspart. Durch die Verbindung beider Bildquellen entsteht der Eindruck, als agiere die Person vor dem entsprechenden Hintergrund.

Produktionskosten

Je nach dem für die einzelne Sendung nötigen Aufwand an Personal, Technik, Produktionszeit, Ausstattung (Kostüme, Requisiten), Reisekosten usw. schwanken auch innerhalb einer bestimmten Sendungsgattung die Kosten sehr stark.

1980 kostete bei der ARD jede Sendeminute im Durchschnitt 4343 Mark. Sehr teuer waren Fernsehspiele (7558 Mark), billiger dagegen Spielfilme (1781 Mark). Tagesschau und Tagesthemen kosteten pro Minute 4406 Mark.[1)]

Helmut Kreuzer (Hrsg.), Sachwörterbuch des Fernsehens, Göttingen 1982.
Gerhard Schult/Axel Buchholz (Hrsg.), Fernseh-Journalismus, München 1982.

4.5.3 Eurovision

Internationaler Austausch von Programmen

„Spiel ohne Grenzen", Ostersegen des Papstes, Raumfahrtbilder und ausländische Sportübertragungen – wann immer das triumphhafte Te Deum von Marc-Antoine Charpentier ertönt, kommt eine Sendung der Eurovision. Das ist der Name des Programmaustauschsystems der *Europäischen Rundfunkunion (UER)* mit Sitz in Genf, der für die Bundesrepublik ARD und ZDF angehören. Die erste offizielle Eurovisionssendung war eine Übertragung vom „Narzissenfest" in Montreux am 6. Juni 1954.

1) Quelle: ARD-Jahrbuch 81, S. 271

Jeden Tag bieten sich außerdem die beteiligten Anstalten im Rahmen des Eurovisions-Nachrichtenaustausches (EVN) aktuelles Bildmaterial an; ständige Abnehmer sind „Tagesschau“ und “heute“. Gegenstück zur Eurovision ist die *Intervision,* das Programmaustauschsystem der Ostblockstaaten mit Sitz in Prag; Intervision nimmt am EVN teil. Der Verkehr mit außereuropäischen Ländern geschieht mit Hilfe von Satelliten.

4.5.4 Besonderheiten

Zwei Eigenschaften des Fernsehens sind hervorzuheben:

Bilder erzeugen Emotionen

1. Das *Bild ist wichtiger als das Wort oder die Musik.* Anders als das Zeitung und Radio kennzeichnende Wort, das sich zunächst an den Verstand wendet, wirkt das Bild (insbesondere das bewegte und farbige) erst im emotionalen (= Gemüts- und Gefühls-) Bereich. Darauf weist Klaus Brepohl[1] hin: „Selbst das sachlichste Bild erzeugt durch seine Formen, Farben und Bewegungen gefühlsmäßige Anmutungen, denen man sich kaum entziehen kann.“ Gedanken, Ideen und Meinungen, die nicht in einer Bilderfolge, sondern von Personen vorgetragen werden, werden vom Fernsehzuschauer nicht allein nach ihrem Sinngehalt wahrgenommen und beurteilt, sondern in hohem Maß nach den Bildeindrücken, die die Person vermittelt.

Fernsehen gilt als besonders glaubwürdig

2. Dadurch, daß es nahezu alle Aussagen mit Bildern belegt und illustriert, wird es als *besonders glaubwürdig* angesehen. „Welches Medium berichtet wahrheitstreu und gibt Dinge so wieder, wie sie in Wirklichkeit sind?“ – Auf diese Frage erklärten 41 Prozent der Teilnehmer an einer Umfrage: das Fernsehen. 32 Prozent nannten den Hörfunk und 21

1) *Klaus Brepohl*, Einflüsse des Fernsehens auf Individuum und Gesellschaft. In: Wirkungen des Fernsehens II, Schriftenreihe für die Mitarbeiter des ZDF, Mainz, Heft 4/1977.

Prozent die Tageszeitung.[1] Daß man aber auch (und ganz besonders eindrucksvoll) mit Bildern lügen kann, ist in vielen medienkundlichen Studien dargestellt worden, u.a. von Bernward Wember in seinem Buch „Wie informiert das Fernsehen?".

Das Gefühl, dabei zu sein

Das Fernsehen vermittelt dem Zuschauer das Gefühl, selbst dabeizusein. Tatsächlich aber ist das Bild, das er gewinnt, von der Schnittechnik bestimmt, mit der bereits eine wesentliche *Einengung der Wirklichkeit* vorgenommen wurde, vom Standort der Kamera, vom begleitenden Kommentar und vielem anderem mehr. Ein ZDF-Autor hat dieses Dilemma in die Verse gefaßt:

> Bei aller Fernseh-Hexerei:
> nie bist Du wirklich selbst dabei.
> Das Fernsehbild von einer Sache
> ist immer Abbild, also Mache.

Das Fernsehen ist ein Bild-Medium. Deshalb läßt es sich verstehen, wenn zum Beispiel bei der Nachrichtenauswahl der Redakteur jene Themen bevorzugt, zu denen er gute Filme oder Bilder hat.

Drei Tips für gesundes Fernsehen

1) *Richtiger Abstand zum Gerät*: Das Fünf- bis Sechsfache der Höhe des Bildschirms; bei einem 63-cm-Bildschirm mit 40 cm Höhe soll der Zuschauer also zwei bis zweieinhalb Meter entfernt sitzen.
2. *Richtige Höhe*: Bildschirm in Augenhöhe des Zuschauers.
3) *Richtiges Licht*: Niemals im Dunkeln fernsehen; Räume mäßig aufhellen. Lampen so aufstellen, daß der Zuschauer nicht geblendet und das Licht nicht vom Bildschirm reflektiert wird.

Rudolf Rohlinger, Die überschätzte Kamera, Osnabrück 1973.
Bernward Wember, Wie informiert das Fernsehen? München 1976.

1) Massenkommunikation 1964 – 1980. Trendanalyse zur Mediennutzung und Medienbewertung. In: Media Perspektiven 4/1981, S. 285.

4.5.5 Neue Techniken

Mehrere neue Techniken wurden im Lauf der siebziger Jahre entwickelt. Zum Teil werden sie bereits angewendet, zum Teil wird ihr Einsatz vorbereitet. An dieser Stelle werden lediglich die technischen Aspekte der neuen Entwicklungen behandelt. Auf die medienpolitischen Fragen, die durch sie aufgeworfen werden, gehen wir im Abschnitt 6.2 ein.

4.5.5.1 Nutzung des Koaxial- und Glasfaserkabels

Die *kabelgebundene Übertragung* gewinnt deshalb an Bedeutung, weil einmal in der Luft zu wenig Fre-

Im Glasfasernetz können alle anderen kabelgebundenen Dienste der Bundespost integriert werden

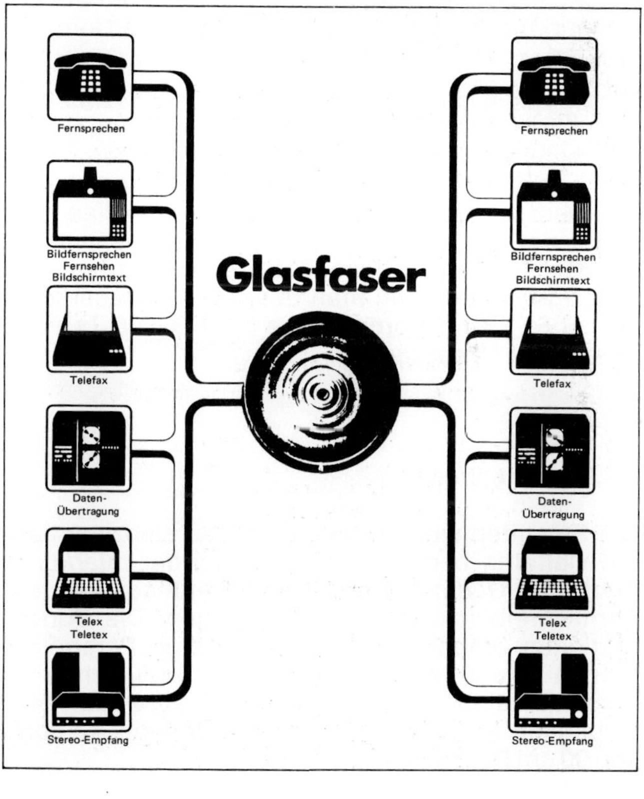

quenzen frei sind, um die Zahl der Programme zu vermehren. Zum anderen ist der Empfang mitunter durch Überlagerungen und Hochhausabschattungen beeinträchtigt. Schon früher hat man die Zahl der störungsfrei empfangbaren Fernseh- und Radioprogramme erheblich erhöht, indem man Haushalte per Kabel an eine *Gemeinschaftsantennenanlage* anschloß. In solche Kabelsysteme können auch eigene Programme eingespeist werden.

Störungsfreier Empfang

Das Breitbandkabel macht nicht nur die Übertragung zahlreicher Fernseh- und Hörfunkprogramme möglich; es bietet auch den sog. *Rückkanal* für Äußerungen des Empfängers an die Zentrale. Über diesen Kanal kann der Teilnehmer bestimmte Programme individuell abrufen sowie Bestellungen aufgeben (z.B. in einer Bibliothek oder in einem Supermarkt) und sich an Abstimmungen (Ja/Nein) beteiligen.

Rückkanal

In der Regel benutzt man heute das *Koaxialkabel* aus Kupfer. Darüber kann man neben Hörfunk und Fernsehen auch Telefongespräche leiten. Eine noch größere Kapazität bietet das *Glasfaserkabel*, bei dem elektrische Signale in Lichtwellen und nach der Übertragung wieder zurückverwandelt werden. Nach dem Stand der Technik Anfang der achtziger Jahre kann man über ein Glasfaserkabel bis zu 60 Fernsehprogramme oder 30 000 Telefongespräche übertragen.

4.5.5.2 Satelliten

Empfang aus dem Weltall

Die Satelliten wurden bereits in den siebziger Jahren vielfältig benutzt, und zwar bei der *interkontinentalen Übermittlung* von Telefongesprächen, Fernschreiben und Fernsehbeiträgen. Die Bodenstationen brauchten dazu aufwendige Parabolantennen von 30 Meter Durchmesser. Inzwischen ist auch der direkte Empfang mittels einer auf dem Hausdach installierten schüsselförmigen Antenne von 90 cm Durchmesser möglich.

1977 verteilte eine von 112 Ländern beschickte Konferenz der Internationalen Fernmelde-Union in Genf die Frequenzen für die künftige *direkte Ausstrahlung von Radio- und Fernsehprogrammen durch Satelliten*. Jedes westeuropäische Land erhielt fünf Fernseh-Kanäle; auf einem Fernseh-Kanal können 16 Mono- oder 8 Stereo-Radioprogramme ausgestrahlt werden. Die bis 1994 geltenden Genfer Abmachungen beschränken die Ausstrahlung allerdings auf einen engen, dem jeweiligen Land zugeordneten Bereich. Welt-Fernsehempfang wird es also zunächst nicht geben. Die Bundesrepublik Deutschland hat für ihren Satelliten die Orbit-Position 19° West; das ellipsenförmige Ausleuchtungsgebiet reicht an etlichen Stellen nicht unwesentlich über die Landesgrenzen hinaus. Rein theoretisch können wegen solcher Überlappungen in der Bundesrepublik Deutschland zwischen 30 und 50 ausländische Satellitenprogramme empfangbar werden.

Aufteilung der Frequenzen für Satelliten

4.5.5.3 Videotext

Diese neue Technik kommt gewissermaßen im Huckepackverfahren zum Teilnehmer, nämlich durch die *Austastlücke*. Das sind Leerzeilen, die infolge neuer Entwicklungen bei den Fernsehgeräten eine Überkapazität darstellen. Das Signal wird mit dem Fernsehsignal über einen Sender abgestrahlt. Der Teilnehmer braucht zum Empfang eine Zusatzeinrichtung, den *Video-Decoder*. Videotext umfaßt rund 75 Tafeln; jede besteht aus höchstens 24 Zeilen mit bis zu 40 Zeichen (Buchstaben, Ziffern, grafische Darstellungen).

Verwendung auch zur Untertitelung

4.5.5.4 Bildschirmtext

Auf dem Fernsehschirm unterscheidet sich der Bildschirmtext nicht vom Videotext. Der Unterschied liegt vor allem in der Übertragungstechnik: Statt über die Fernsehfrequenzen gehen die Impul-

Bildschirmtext wird neben Informationen und Angeboten auch direkte Bestellung ermöglichen.

se über die *Telefonleitung*. Hiermit kann ein erheblich umfangreicheres Angebot übertragen werden als beim Videotext.

4.5.5.5 Videorecorder und Bildplattenspieler

Bei beiden handelt es sich um Zusatzeinrichtungen zum Fernsehgerät. Mit ihnen kann der Benutzer *fertige Programme abspielen*. Er ist also nicht auf die gesendeten Programme angewiesen und sozusagen sein eigener Programmchef. Der Videorecorder kann außerdem *Sendungen aufzeichnen*. Mit einer zusätzlichen Kamera kann man sogar seine *eigenen Programme produzieren.*

Im Bereich des Video ist hierzulande schon seit 1980 ein ungebrochener Boom zu verzeichnen. Die Bildplatte, die 1982 auf den Markt kam, muß sich erst noch durchsetzen.

5 Massenmedien und Publikum

Wie wirken und was bewirken die Massenmedien?

Journalisten wissen nur wenig über die Menschen, für die sie arbeiten – ob es sich um Leser, Hörer oder Zuschauer handelt. Eine gewisse Aussagekraft haben ohne Zweifel die Anzahl der *Käufer* einer Zeitung oder die *Einschaltquoten* bei Hörfunk und Fernsehen. Aber sie reichen ebenso wenig aus wie *Leserbriefe, Sendungen mit Publikumsbeteiligung* usw. Um die Lücken zu schließen, bemühen sich Wissenschaftler im Verein mit Presse und Rundfunk, bestimmte Fragen der „Macher" an das Publikum hinsichtlich der Medienwirkung und -nutzung zu klären.

5.1 Wirkungen

Manche Schlagzeilen erwecken den Eindruck, als ob von den Medien kolossale Wirkungen ausgingen. Da heißt es zum Beispiel: „Frau sah Katastrophenfilm im Fernsehen. Anschließend Selbstmord durch Sprung vom Dach." Oder: „Weil seine Mannschaft im Fußball verlor: Mann warf Fernsehapparat aus dem Fenster." Oder auch: „Bankraub wie im letzten TV-Krimi."

Ursache und Wirkung – oft nur vermutet

Fachleute, die sich mit den Wirkungen des Fernsehens und anderer Medien beschäftigen, sind nicht so sicher, daß Beschreibungen wie die drei oben zitierten Überschriften hinsichtlich Ursache und Wirkung die Realität richtig wiedergeben. Insbesondere warnen sie vor Verallgemeinerungen nach dem Muster: „Wenn einer einen Krimi sieht, dann tut er das und das..."

Die Bevölkerung urteilt unterschiedlich über die Medien. Man begegnet Menschen, die so ziemlich alles glauben, was in der Zeitung steht oder im Fernsehen gesagt wird, aber auch solchen, die allem Gedruckten und Gesendeten skeptisch gegenüberstehen und sagen: „Im Prinzip glaube ich nichts davon."

Die wissenschaftliche Literatur kann die Frage nach den Wirkungen der Massenmedien nicht eindeutig beantworten. Manche Forscher haben sogar völlig gegenteilige Meinungen. Die einen schreiben den Medien *Ohnmacht* zu und urteilen: wirkungslos. Die anderen glauben nahezu an eine *Allmacht* der Medien und stellen fest: Sie ziehen enorme Wirkungen nach sich.

Ohnmacht oder Allmacht

Für beide Richtungen lassen sich als Bestätigung Belege anführen, so daß viele Theorien für sich genommen überzeugend sind. Aus dem Dilemma des Wissenschaftsstreits hilft auch nicht die Suche nach einem Weg in der Mitte. Wir wollen hier nicht Partei ergreifen, sondern nach einer Skizzierung der Methoden die wichtigsten Thesen und ihre Begründungen in einem Überblick präsentieren. Wobei ausdrücklich darauf hingewiesen sei, daß es im einzelnen sehr viel mehr Theorien über die Wirkungen der Massenmedien gibt; der Leser findet sie anhand der Literatur.

Methoden der empirischen Sozialforschung

Die empirische Sozialforschung kennt verschiedene *Methoden*, um Aussagen über die Wirkungen von Medien auf Verhalten, Wissen und Meinungen von Lesern, Hörern und Zuschauern (Rezipienten) zu finden. Zum einen gibt es *Intensivinterview, Gruppendiskussion* und *teilnehmende Beobachtung* sowie die Auswertung von vorhandenen Daten zur Vorbereitung von größeren Untersuchungen. Zum anderen gibt es sogenannte *Feldexperimente* und *Laborexperimente.*

Bei den Felduntersuchungen handelt es sich in der Regel um mündliche Befragungen einer repräsentativ ausgewählten Anzahl von Personen, die in ihrer üblichen Umwelt bleiben. Ein solches Beispiel sind die Umfragen vor Wahlen. Unter Laborexperimenten versteht man Untersuchungen in künstlicher Umwelt (einem Spezialraum, einem Klassenzimmer usw.). Zum Beispiel kann man Testpersonen einen Zeitungsartikel lesen bzw. eine Sendung sehen oder hören lassen, um aus ihren Reaktionen auf die Wirkung der medialen Information Rückschlüsse zu ziehen.

Es ist vor allem deshalb so schwer, Gesetzmäßigkeiten auf diesem Feld festzustellen, weil die Wirkungen der Massenmedien in einem sehr komplizierten Prozeß ablaufen, an dem zahlreiche Faktoren und Einflüsse mitwirken. Die Forscher haben sich zunächst mit den *Medien* und ihren *Produkten* befaßt. Später erkannten sie, daß ein- und dieselbe Nachricht z.B. bei mehreren Lesern oder Hörern durchaus verschieden wirkte; also interessierte man sich mehr für die *Menschen* und die *Situationen,* in denen sie sich den Medien aussetzen. Die entsprechende These lautete:

Gesetzmäßigkeiten sind nur schwer feststellbar

Die Wirkungen der Massenmedien werden mehr durch die Eigenschaften des Publikums als durch die Inhalte bestimmt. Nicht die Medien besitzen die Macht über die Menschen, sondern die Menschen lesen aus den Botschaften mehr oder weniger das heraus, was ihnen paßt.

Die Frage der Forscher lautete jetzt also nicht mehr: „Was machen die Medien mit den Menschen?", sondern: „Was machen die Menschen mit den Medien?" Einige Wissenschaftler gingen sogar soweit, daß sie den Medien jeglichen Einfluß absprachen. Sehr beachtet wurde auch eine andere These:

These:
Nicht das Medium bestimmt die Wirkung, sondern der Mensch

Das Angebot der Massenmedien wird *selektiv* wahrgenommen. Man liest das aus einer Information heraus, was einen interessiert bzw. das, was einen in seiner Meinung bestätigt und was zu den vorhandenen Einstellungen paßt.

Diese These wurde allerdings eingeschränkt durch die Erkenntnis:

Wenn Informationen nützlich erscheinen, werden sie beachtet, ob sie mit der Einstellung übereinstimmen oder nicht.

Vertreten wurde auch diese These:

These: Meinungen werden nicht verändert, sondern allenfalls bestärkt

Massenmedien können Meinungen nicht verändern; sie können allenfalls vorhandene Meinungen verstärken.

Einige Forscher fanden heraus, daß die Menschen unterschiedlich beeinflußbar sind. Je enger ein Mensch an seine Familie, eine Gruppe, eine soziale Schicht, seine Heimat, seine Weltanschauung gebunden ist, desto immuner ist er gegen Beeinflussung durch die Massenmedien. Umgekehrt gilt: In Bereichen, in denen man sich noch keine Meinung gebildet hat, können die Massenmedien sehr prägend wirken.

Bei der Untersuchung des Kommunikationsprozesses, der zu Meinungsänderungen führt, gingen die Forscher ursprünglich von einem einfachen Modell aus, in dem sie lediglich zwei Teilbereiche untersuchten: Die Massenmedien auf der einen Seite und die Rezipienten auf der anderen.

These: Der Kommunikationsprozeß ist zweistufig

Bei einer Studie über das Wählerverhalten bei der Präsidentschaftswahl 1940 in den USA fand man jedoch heraus, daß die Entscheidung der Wähler nicht durch die Medien allein bestimmt wurde, sondern vor allem durch persönliche Kontakte mit *opinion leaders* (Meinungsführern). Die aus dieser Erkenntnis abgeleitete Theorie besagt, daß der Kommunikationsprozeß nicht einstufig vom Medium zum Rezipienten verläuft, sondern zweistufig vom Medium über den Meinungsführer zum Rezipienten.

Eine neuere Theorie legte Elisabeth Noelle-Neumann vor[1)], deren Ausgangspunkt demoskopische Beobachtungen mehrerer Wahlkämpfe sind. Die These lautet:

Die Massenmedien – und gemeint ist hier das Fernsehen – haben einen großen Einfluß auf die Wahlentscheidungen der Bürger, weil sie das Meinungsklima wesentlich mitbestimmen.

1) *Elisabeth Noelle-Neumann*, Die Schweigespirale, München 1980.

Frau Noelle-Neumann stellte fest, daß es einen großen Unterschied gab in der Beurteilung der Wahlchancen der Parteien, je nachdem ob die Leute viel oder wenig fern-sahen. Wobei sie unterstellte, daß der Wahlausgang im Fernsehen anders vorausgesagt wurde als in der Bevölkerung. Ihre Vermutung war: Wähler machen sich zunächst ein Bild von der Verteilung der Meinungen in ihrer Umwelt, ehe sie sich selber öffentlich zu einer Meinung, hier: Partei bekennen. Vermuten sie sich in der Minderheit, so schweigen sie. Dadurch erscheint ihr Anteil an der gesamten feststellbaren öffentlichen Meinung geringer als er in Wirklichkeit ist. Das wiederum läßt ihren Anhang zusätzlich schrumpfen: Die Schweigespirale dreht sich.

Die Theorie von der Schweigespirale

Da der einzelne – so die Annahme – das Meinungsklima so annimmt, wie es von den Fernsehjournalisten suggeriert wird, können diese Spiralprozesse in Gang setzen, die sich letztlich dann auch bei der Abgabe des Wählerkreuzchens bemerkbar machen.

Der in den Frauenzeitschriften mit jeder neuen Saison propagierte Wechsel der Mode ist ein Beispiel dafür, daß Massenmedien vor allem dann eine Verhaltensänderung bewirken können, wenn das Publikum sie *relativ leicht und risikolos* vornehmen kann und sich der einzelne angeregt und gestützt fühlt durch die für ihn maßgebenden Teile der Gesellschaft, die eben den Modewechsel mitmachen. Leitbilder und Verhaltensregeln werden *nicht nur durch informierende und kommentierende Beiträge* vermittelt, sondern auch (wahrscheinlich sogar wirkungsvoller) *durch das Unterhaltungsangebot* in den Massenmedien, z.B. Familienserien im Fernsehen.

Es gibt Verhaltensänderungen

Besonders heftig diskutiert wird die Frage, welche Wirkung *Gewaltszenen im Fernsehen* haben. Trotz erheblichen Forschungsaufwands ist immer noch nicht entschieden, ob sie dazu führen, daß die Zuschauer Aggressionen abreagieren oder im Gegenteil ein Gewaltpotential aufbauen.

Gewalt im Fernsehen

Für Kinder ist hier besonders zu beachten, daß das Fernsehen ihr Bild von der Welt stärker prägt als bei Erwachsenen, weil ihnen die vielfältigen Zusatzinformationen der anderen Medien fehlen, die Erwachsenen zur Verfügung stehen. Vorsicht ist zudem geboten, weil Kinder oft zwischen Spiel auf dem Bildschirm und Wirklichkeit nicht unterscheiden können. Sie sind also den Wirkungen des Fernsehens intensiver und hilfloser ausgesetzt als Erwachsene. Eltern ist daher zu raten, den Fernsehkonsum ihrer Kinder nicht ins Uferlose wachsen zu lassen und nach Möglichkeit mit den Kindern vor dem Apparat zu sitzen und über die Sendungen zu sprechen.

Die offenkundig größte Wirkung der Massenmedien liegt darin, daß sie überhaupt genutzt werden; denn das bedeutet, daß wir einen erheblichen Teil unserer Freizeit aufs Schauen, Hören und Lesen verwenden anstatt vielleicht aufs Reden oder Spazierengehen.

Massenmedien zeigen eine „Welt aus zweiter Hand"

Überall dort, wo wir uns nicht mit den eigenen Sinnen umtun können, sind wir abhängig von dem, was uns die Massenmedien liefern. Was wir zum Beispiel über den amerikanischen Präsidenten denken, wird nicht erst von den politischen Urteilen in den Kommentaren der Journalisten beeinflußt, sondern (viel nachhaltiger) bereits von der Auswahl an Nachrichten und Bildern, die uns die Massenmedien ins Haus bringen. Unsere Sicht der Welt ist *eine durch die Massenmedien vermittelte Sicht;* das gilt noch für den Bericht über eine Versammlung in der eigenen Stadt, bei der man selbst nicht dabei war. Mit Recht trug deshalb eine Schulfunk-Sendereihe über Massenmedien den Titel: „Die Welt aus zweiter Hand".

Der Wettbewerb der Massenmedien untereinander sowie die Grundregeln fairer journalistischer Arbeit sorgen dafür, daß bewußte Manipulation die Ausnahme bleibt und wichtige Wahrheiten meist an die Öffentlichkeit kommen. Je notwendiger aber in einer immer komplizierter werdenden Welt die von den Massenmedien beschaffte, ausgewählte und präsentierte Information wird, um so abhängiger werden wir – und die Abhängigkeit sollten wir uns bewußt machen.

Josef Hackforth, Massenmedien und ihre Wirkungen, Göttingen 1976.
Michael Kunczik, Gewalt im Fernsehen, Köln/Wien 1975.
Michael Kunczik, Brutalität aus zweiter Hand, Köln/Wien 1978.
Michael Schenk, Publikums- und Wirkungsforschung. Theoretische Ansätze und empirische Befunde der Massenkommunikationsforschung, Tübingen 1978.

5.2. Nutzung

Das Informations- und Unterhaltungsangebot der Massenmedien in der Bundesrepublik Deutschland ist sehr vielfältig. Die Tageszeitungen drucken täglich über 20 Millionen Exemplare, die Publikumszeitschriften 88 Millionen pro Erscheinungszeitraum, hinzu kommen Fachzeitschriften und Bücher. Der Hörfunk sendet rund um die Uhr und das Fernsehen elf bis zwölf Stunden pro Tag. 1980 be-

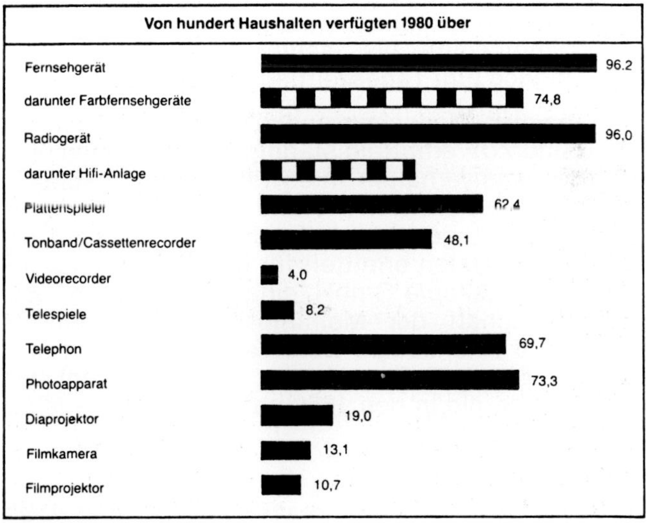

Von hundert Haushalten verfügten 1980 über

Quelle: ARW, Media-Micro-Census 1981

saßen 97 Prozent der bundesdeutschen Haushalte ein Fernsehgerät und 98 Prozent einen Radioapparat.

Untersuchungen haben folgende *durchschnittliche Nutzungswerte* ergeben:[1]

Nutzung von Presse und Rundfunk

- Von der Bevölkerung zwischen 14 und 70 Jahren erreichten 1980 an einem durchschnittlichen Werktag die Tagespresse 76, das Radio 69 und das Fernsehen 77 Prozent.
- 40 Prozent der Bevölkerung nutzten 1980 täglich zwei Medien.
- Presse, Hörfunk und Fernsehen erreichten an einem normalen Werktag 94 Prozent der bundesdeutschen Bevölkerung.
- Im Durchschnitt verwandte jeder Bürger pro Tag rund dreieinhalb, pro Woche fast 25 Stunden für die Beschäftigung mit Tageszeitung, Hörfunk und Fernsehen.

Diese Angaben, das muß betont werden, sind Durchschnittswerte. Darin sind die Leute, die niemals fernsehen oder nie eine Zeitung zur Hand nehmen, ebenso enthalten wie die, die den Apparat von Programmbeginn bis -schluß eingestellt haben oder täglich fünf Tageszeitungen lesen.

Lieblingsbeschäftigung der Deutschen: Fernsehen

Die meisten Menschen spricht das Fernsehen an. ARD und ZDF ermitteln ständig Informationen über das Fernsehverhalten ihres Publikums. Insbesondere interessiert sie, wieviele Menschen welchen Alters wie lange welche Sendung angeschaut haben. Diese Daten ermittelt für beide Fernsehsysteme die *Teleskopie* GmbH, eine gemeinsame Tochtergesellschaft der Meinungsforschungsinstitute Infas und Allensbach. Dem Test unterziehen sich regelmäßig 3400 Erwachsene (ab 14 Jahren) und 620 Kinder, die in den 1650 untersuchten Haushalten leben.

1) Quelle: Massenkommunikation 1964 bis 1980. Trendanalyse zur Mediennutzung und Medienbewertung. In: Media Perspektiven 4/1981 S. 261 ff.

Täglich zwei Stunden vor dem Fernseher

Durchschnittlicher Zeitaufwand des Bundesbürgers für Medien an einem Tag

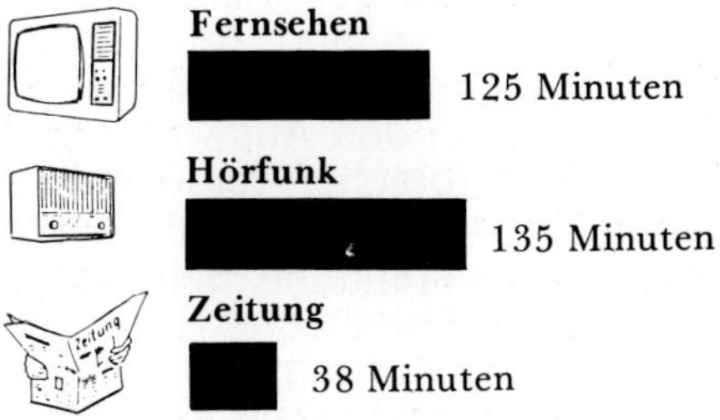

Bezugszeitraum: 1980. Quelle: Massenkommunikation 1964 bis 1980. Trendanalyse zur Mediennutzung und Medienbewertung. In: Media Perspektiven 4/1981 S. 266

Da diese Haushalte auf demoskopische Fragestellungen hin besonders gut ausgesucht sind, läßt sich das Verhalten der getesteten Personen auf das gesamte Fernsehpublikum hochrechnen. Teleskopie wird durch zahlreiche andersartige Untersuchungen ergänzt.

Beim Vergleich der Nutzungsdaten fällt auf, daß Hörfunk, Fernsehen und Tageszeitungen die *jungen Leute* zwischen 14 und 19 Jahren 1980 in sehr viel geringerem Maße erreichten als 1974. Die entsprechenden Daten für diese Altersgruppe: Das Fernsehen erreichte 1974 noch 72 Prozent, 1980 nur noch 66 Prozent der Jugendlichen. Beim Radio sank die Reichweite von 80 auf 69 Prozent, und bei der Tageszeitung von 70 auf 53 Prozent. Den gleichen Trend stellten die Kommunikationsforscher bei *formal besser Gebildeten* und *politisch stark Interessierten* fest.

Junge Leute schalten Radio und Fernsehen zunehmend weniger ein

Man erklärt sich diese Entwicklung bei den Forschungsabteilungen der Verlage und Funkhäuser damit, daß die Menschen nicht *mehr* von ihrer Freizeit für den Fernsehkonsum aufwenden können oder es auch nicht wollen, sondern sich lieber aktiv betätigen – ob sie Sport treiben, politische oder kulturelle Veranstaltungen besuchen oder auch in eine Kneipe gehen.

Qualitative Hörer- und Zuschauerforschung

Bis in die siebziger Jahre konzentrierten sich die Rundfunkanstalten so gut wie ausschließlich auf die *quantitative* Hörer- und Zuschauerforschung. Seither betreiben sie auch *qualitative* Forschung, etwa zur Frage nach den Auswirkungen einzelner Sendungen. Sozialforscher versuchten außerdem herauszufinden, was Hörer und Zuschauer beispielsweise von bestimmten Sendungen erwarteten. So gab der Westdeutsche Rundfunk eine umfassende Studie in Auftrag, um sein wirtschafts- und sozialpolitisches Magazin *Kontakte* besser an den Wünschen der Hörer orientieren zu können.[1]

Ein weiterer wichtiger Beitrag zur Hörerforschung war die *Funkmedienanalyse* 1976, in deren Rahmen die Hörfunknutzung im Tagesablauf erstmals bundesweit untersucht wurde. Damals wurden 13 000 Personen befragt. Von den zahlreichen Einzelergebnissen sei hier lediglich eines herausgegriffen: Der Hörfunk erreichte von Montag bis Samstag drei Viertel der bundesdeutschen Bevölkerung über 14 Jahren.[2]

Das Publikum beurteilt die Medien immer kritischer

Die Langzeitstudie Massenkommunikation 1964 bis 1980 ergab, daß die Bundesbürger Tageszeitungen, Radio und Fernsehen zunehmend *kritischer* beurteilen. Die Forscher stellten fest, daß die positiven Antworten auf die gleichen Fragen nach einer Beurteilung dieser drei Medien seit 1964 kontinuierlich zurückgingen. Beispielsweise auf die Frage „Welches Medium gibt einen vollständigen Überblick über alle wichtigen Entwicklungen in Politik und Zeitgeschehen?" anworteten von 100 Personen im Lauf von vier Untersuchungen:

1) *Uwe Magnus*, Kommunikator-Rezipientenstudie für den Hörfunk. In: Media Perspektiven 12/1975, S. 580 ff.
2) *Jürgen Pfifferling*, Funkmedienanalyse 1976. In: Media Perspektiven 6/1976, S. 277 ff.

	Fernsehen	Radio	Zeitung
1964	70	60	60
1970	73	58	53
1974	67	57	55
1980	59	48	50[1]

Wolf Bauer/Elke Baur/Bernd Kungel (Hrsg.), Vier Wochen ohne Fernsehen. Eine Studie zum Fernsehkonsum, Berlin 1976.
Hansjörg Bessler, Hörer- und Zuschauerforschung. Band 5 der Reihe Rundfunk in Deutschland, München 1980.
Klaus Berg/Marie-Luise Kiefer (Hrsg.), Massenkommunikation. Eine Langzeitstudie zur Mediennutzung und Medienbewertung, Mainz 1978.

1) Quelle: Massenkommunikation 1964 bis 1980. Trendanalyse zur Mediennutzung und Medienbewertung. In: Media Perspektiven 4/1981 S. 283.

6 Medienpolitik

Als die Begriffe „Medienpolitik“ und „Kommunikationspolitik“ von Wissenschaftlern in den sechziger Jahren aufgebracht wurden, mochten sich selbst manche Fachleute nur schwerlich damit anfreunden. Relativ häufig hörte man zu der Zeit sogar die zwar flott klingende, gleichwohl falsche Empfehlung: „Die beste Medienpolitik ist keine Medienpolitik.“

Ordnungspolitische Entscheidungen sind nötig

Heute ist das ganz anders. Der Begriff hat Karriere gemacht, fast könnte man sagen: Medienpolitik ist in Mode gekommen. Denn inzwischen ist klar geworden, daß es sich nicht nur um eine kontroverse Diskussion in Wissenschaft und Publizistik, Wirtschaft und Politik handelt, sondern daß das Thema alle angeht. Das hängt damit zusammen, daß man die Bedeutung des Informationssektors für die Gesellschaft erkannt hat und Entwicklungen auf diesem Gebiet nicht dem Zufall oder ausschließlich den Mechanismen des freien Marktes überlassen will. Die neuen technischen Möglichkeiten sowie die damit einhergehende Diskussion um privaten Rundfunk haben in der Öffentlichkeit ebenfalls das Bewußtsein dafür gestärkt, daß im Bereich der Massenmedien *ordnungspolitische Entscheidungen* notwendig werden.

6.1 Verfassungsrechtlicher Rahmen

Die Grenzen des Grundgesetzes

Die Grenzen wie auch die Zielrichtung jeder Medienpolitik in der Bundesrepublik Deutschland hat das Bundesverfassungsgericht in Auslegung des Artikels 5 Grundgesetz am Beispiel der Presse beschrieben. Sinngemäß gilt dies für alle Massenmedien. Hier ein Auszug aus dem Urteil:

„Eine freie, nicht von der öffentlichen Gewalt gelenkte, keiner Zensur unterworfene Presse ist ein

Wesenselement des freiheitlichen Staates; insbesondere ist eine freie, regelmäßig erscheinende politische Presse für die moderne Demokratie unentbehrlich. Soll der Bürger politische Entscheidungen treffen, muß er umfassend informiert sein, aber auch die Meinungen kennen und gegeneinander abwägen können, die andere sich gebildet haben.

Die Presse hält diese ständige Diskussion in Gang; sie beschafft die Informationen, nimmt selbst dazu Stellung und wirkt damit als orientierende Kraft in der öffentlichen Auseinandersetzung. In ihr artikuliert sich die öffentliche Meinung; die Argumente klären sich in Rede und Gegenrede, gewinnen deutliche Konturen und erleichtern so dem Bürger Urteil und Entscheidung. In der repräsentativen Demokratie steht die Presse zugleich als ständiges Verbindungs- und Kontrollorgan zwischen dem Volk und seinen gewählten Vertretern in Parlament und Regierung. Sie faßt die in der Gesellschaft und ihren Gruppen unaufhörlich sich neu bildenden Meinungen und Forderungen kritisch zusammen, stellt sie zur Erörterung und trägt sie an die politisch handelnden Staatsorgane heran, die auf diese Weise ihre Entscheidungen auch in Einzelfragen der Tagespolitik ständig am Maßstab der im Volk tatsächlich vertretenen Auffassungen messen können."[1]

Das Bundesverfassungsgericht über die „Medienphilosophie" des Grundgesetzes

An anderer Stelle betonten die Verfassungsrichter, daß der Staat die öffentliche Aufgabe der Presse und der übrigen Massenmedien auf keinen Fall selbst übernehmen darf. Aber der Staat müsse möglicherweise dann aktiv werden, wenn es gelte, „Gefahren abzuwehren, die einem freien Pressewesen aus der Bildung von Meinungsmonopolen erwachsen könnten."[2]

Der Staat muß zur Abwehr von Gefahren aktiv werden

Die ganze Philosophie, die hinter dem Grundgesetz-Artikel 5 steht, faßte der Kommunikationswissenschaftler Otto B. Roegele in den beiden Sätzen zusammen:

1) BVerfGE Band 20, S. 174 f.
2) Ebenda.

„Der Staat soll *ermöglichen,* daß der Kommunikationsprozeß stattfinden kann, aber er soll ihn nicht lenken oder gar stören. Der Staat soll den Rahmen ausspannen, innerhalb dessen die Staatsbürger wie die Kommunikationsmittel sich frei entfalten und betätigen können."[1)]

6.2 Einzelprobleme

Auf geschichtlich Gewachsenem aufbauen

Wer heute in der Bundesrepublik Deutschland Medienpolitik betreibt, muß notgedrungen auf dem aufbauen, was geschichtlich gewachsen ist. Zwar reicht die Geschichte einzelner Medien weit zurück; als Stunde Null für ihre *rechtlich-politische Verfaßtheit* gilt aber der allgemeine Neuanfang 1945. Wenn es nach den deutschen Politikern dieser Aufbauphase gegangen wäre, wären zwar Presse und Film – wie es tatsächlich geschehen ist – privatwirtschaftlich organisiert worden. Den Rundfunk aber, der damals nur Hörfunk war, hätten sie in staatliche Hände gegeben. Diese Absichten scheiterten an den Alliierten, die nach den Erfahrungen des Dritten Reiches verhindern wollten, daß die Medien in staatliche Verfügungsgewalt geraten könnten.

Publizistische Gewaltenteilung

So kam es dann zu dem, was man später die *publizistische Gewaltenteilung* genannt hat. Die Presse und einige andere Bereiche wurden dem freien Markt zugeordnet. Der Rundfunk wurde mit Teilnehmer-Gebühren ausgestattet und in öffentlich-rechtlicher Trägerschaft organisiert.

Bei der Presse ging man davon aus, daß mit Hilfe der Marktmechanismen und der allgemeinen Rechtsvorschriften genug Vorkehrungen gegen Mißbräuche vorhanden waren. Der Rundfunk erhielt Aufsichtsgremien, die pluralistisch zusammengesetzt wurden.

1) *Otto B. Roegele*, Medienpolitik – und wie man sie macht. Osnabrück 1973, S. 39

Die wichtigsten Änderungen bzw. Änderungsbestrebungen im Bereich der Massenmedien bezogen sich auf vier Komplexe:

1. Einführung von Privatfunk
2. Pressekonzentration
3. Innere Pressefreiheit
4. Neue Medien.

6.2.1 Einführung von Privatfunk

Seit Anfang der fünfziger Jahre versuchten Verleger und Vertreter der Wirtschaft, die Erlaubnis zur Ausstrahlung *kommerzieller* Radio- und Fernsehprogramme zu erhalten. Zu einem ersten – allerdings nur scheinbaren – Erfolg verhalf den Anhängern des Privatfunks Bundeskanzler Konrad Adenauer, der mit der bestehenden Rundfunkordnung denkbar unzufrieden war – nicht zuletzt, weil sie ihm keinen Einfluß auf die Programme gestattete. Adenauer verband sich mit Verlegern und Wirtschaft und versuchte, eine zweite Fernsehkette in Konkurrenz zu den Länderrundfunkanstalten ins Leben zu rufen. Das von einigen Bundesländern angerufene Bundesverfassungsgericht erklärte jedoch das Vorgehen der Regierung 1961 für verfassungswidrig. Bei der Gelegenheit klärte es einige bis dahin umstrittene Rechtsprobleme. Das wichtigste: Es stellte fest, daß die *Kompetenz für Organisationsfragen* des Rundfunks ausschließlich bei den Ländern liegt. Die *Fernmeldehoheit* (Artikel 73, Absatz 7 des Grundgesetzes) berechtigt den Bund lediglich, die technischen Vorgänge des Sendens zu ordnen.

Kommerzfunkbestrebungen: Bis in die 80er Jahre hinein ohne Erfolg

Einen weiteren Scheinerfolg verzeichneten die Privatfunk-Anhänger mit dem saarländischen Rundfunkgesetz aus dem Jahr 1967, in dem privat betriebener Rundfunk vorgesehen war. Als eine Gesellschaft eine entsprechende Konzession beantragte, wurde ihr diese von der Landesregierung verweigert. Daraufhin klagte die Gesellschaft; zuletzt vor dem Bundesverfassungsgericht. Das entschied je-

Scheinsieg für Privatfunk-Anhänger

doch 1981, daß das saarländische Rundfunkgesetz in den Passagen über den Privatfunk nicht den Anforderungen des Grundgesetzes entspricht.[1] Im Prinzip erklärten die Richter: Es gibt zwar keine grundsätzlichen verfassungsrechtlichen Bedenken gegen die Zulassung privater Rundfunkanbieter. Aber diese müssen bestimmte Bedingungen erfüllen.

Grundsätzlich ist Privatfunk möglich

Die Aufgabe, freie und umfassende Meinungsbildung durch den Rundfunk zu gewährleisten (Rundfunkfreiheit), verlange nicht nur die „Freiheit von staatlicher Beherrschung und Einflußnahme", sondern vielmehr „eine positive Ordnung, welche sicherstellt, daß die Vielfalt der bestehenden Meinungen im Rundfunk in möglichster Breite und Vollständigkeit Ausdruck findet und daß auf diese Weise umfassende Information geboten wird."

Aber nur, wenn umfassende Information geboten wird

Die Richter in Karlsruhe sind skeptisch, ob der Wegfall der bisher durch den Frequenzmangel gegebenen Beschränkungen beim Rundfunk zu einer ähnlichen Situation führen werde wie bei der Presse die Vielzahl der Druckereien. Sie halten es für „ungewiß", ob allein schon durch die neuen technischen Möglichkeiten „alle oder wenigstens ein nennenswerter Teil der gesellschaftlichen Gruppen und geistigen Richtungen auch tatsächlich zu Wort kommen, ob mithin ein Meinungsmarkt entsteht, auf dem die Vielzahl der Meinungsrichtungen unverkürzt zum Ausdruck gelangt."

und alle Gruppen die Chance haben, zu Wort zu kommen

Falls sich der Gastgeber also dafür entscheidet, einschlägige Gruppen als Veranstalter eigener Rundfunkprogramme zuzulassen (*außenpluralistische* Rundfunkstruktur), muß er „durch geeignete Vorkehrungen" gewährleisten, daß „das Gesamtangebot der inländischen Programme der bestehenden Meinungsvielfalt auch tatsächlich im wesentlichen entspricht." Zur Ausgewogenheit in ihrem jeweiligen Programm sind die Veranstalter dann zwar nicht verpflichtet (weil diese ja durch die

1) FRAG-Urteil des Bundesverfassungsgerichts vom 16.6.1981. In: Media Perspektiven 6/81, S. 421 ff.

Angebotsvielfalt hergestellt werden soll), wohl aber „zu sachgemäßer, umfassender und wahrheitsgemäßer Information und einem Mindestmaß an gegenseitiger Achtung."

Niedersächsisches Landesrundfunkgesetz (Entwurf)

Einen weiteren Schritt in Richtung Privatfunk tat das Bundesland Niedersachsen. Am 3. November 1982 legte der niedersächsische Ministerpräsident Ernst Albrecht (CDU) den Entwurf für ein Landesrundfunkgesetz vor, das Hörfunk und Fernsehen in privater Rechtsträgerschaft ermöglichen soll.

Die Kontrolle soll nach dem binnenpluralistischen Modell erfolgen. Dazu wird ein *Landesrundfunkausschuß* ins Leben gerufen, der wie die Aufsichtsgremien der bestehenden öffentlich-rechtlichen Rundfunkanstalten von verschiedenen gesellschaftlichen Gruppen beschickt wird. Albrecht forderte Verbände und Institutionen zu Stellungnahmen auf und kündigte an, das Gesetz werde im Frühjahr 1983 eingebracht und bis spätestens Anfang 1984 verabschiedet.

6.2.2 Pressekonzentration

Zeitungssterben führte zu Monopolen im lokalen Bereich

Ab Mitte der fünfziger Jahre kam es bei Tageszeitungen und Zeitschriften zu zahlreichen Zusammenlegungen, die in der Regel aus wirtschaftlichen Gründen erfolgten. Der Trend ging zu größeren Betriebseinheiten, und die wiederum lagen des öfteren in der Hand von Medienkonzernen, denen immer mehr Macht zufloß. Die Pressekonzentration führte z.B. dazu, daß etwa ein Drittel der Bevölkerung heute in Orten lebt, wo es nur noch eine einzige Lokalzeitung gibt.

Wer in solchen Städten lokale Informationen erhalten will, ist also auf das Monopolblatt als Leser ebenso angewiesen wie umgekehrt Parteien, gesellschaftliche Gruppen oder Einzelpersonen, die der Öffentlichkeit etwas mitteilen wollen.

Um wirtschaftlich nicht unbedingt notwendige Aufkäufe zu verhindern, wurde 1976 die *Pressefusions-*

Bundeskartellamt muß Zeitungszusammenschlüsse genehmigen

kontrolle eingeführt. Danach muß das Bundeskartellamt Zusammenschlüsse von Presseunternehmen eigens genehmigen. Es kann die Zustimmung verweigern oder sie mit Auflagen verbinden, wenn durch die Fusion eine marktbeherrschende Stellung entsteht. In der Folge wurde es für Großverlage zunehmend schwieriger, zusätzliche Verlage aufzukaufen. In einigen Fällen kam es zu einem ausdrücklichen Verbot:

- Dem Axel-Springer-Verlag wurde eine Mehrheitsbeteiligung am Münchener Zeitungsverlag (Münchner Merkur) untersagt.
- Der Bertelsmann AG wurde eine Beteiligung an der Deutschen Verkehrsverlag GmbH untersagt.
- Die Fusion der Konzerne Springer und Burda wurde untersagt.

In etwa 30 Fällen unterblieb ein Verkauf von Zeitungshäusern, nachdem die Kaufwilligen beim Bundeskartellamt in Berlin informell vorgefühlt hatten.

Pressestatistikgesetz

Bereits 1974 hatte der Bundestag das *Pressestatistikgesetz* verabschiedet. Damit sollten die bis dahin mitunter auf unterschiedlichen Kriterien beruhenden Zahlen vereinheitlicht werden, um zuverlässige Daten über die Lage der Presse zu erhalten. Im Gesetzestext ist dazu formuliert: „Dieses Material soll es ermöglichen, Entwicklungen, die die Freiheit der Presse bedrohen könnten, rechtzeitig zu erkennen und etwaigen Gefahren wirksam begegnen zu können."

Medienpolitische Fragen rückten zunehmend in das Blickfeld der Öffentlichkeit. Das zeigt auch die Tatsache, daß der Bundestag die Bundesregierung aufforderte, regelmäßig über die Lage von Presse und Rundfunk zu berichten. Dies geschah inzwischen 1974 und 1978 in den sogenannten *Medienberichten.*[1]

---

1) Bericht der Bundesregierung über die Lage von Presse und Rundfunk in der Bundesrepublik Deutschland (1974). Drucksache 7/2104 des Deutschen Bundestags sowie unter dem gleichen Titel mit dem Zusatz „Medienbericht" im Jahr 1978. Drucksache 8/2264 des Deutschen Bundestags.

6.2.3 Innere Pressefreiheit

In Pressehäusern bestimmt der Verleger die publizistische Linie. Einige Verleger gehen frei nach dem Sprichwort „Wer zahlt, schafft an" so weit, ihren Redaktionen sogar in einzelnen Fällen bis ins kleinste Detail vorzuschreiben, was sie zu tun oder zu lassen haben. Gegen solche oft als Willkür empfundenen Anweisungen von oben stellten die Journalisten im Lauf der sechziger Jahre die Forderung nach „innerer Pressefreiheit" auf. Damit ist gemeint, daß die *Kompetenzen* von Verleger, Chefredakteur, Ressortleiter und Redakteur formell abgegrenzt werden.

Abgrenzung der Kompetenzen

Den Schutz gegen Willkür wollten einige auch weiter fassen. So gab es auch Bestrebungen, den Verkauf ganzer Redaktionen – er geschah meist ohne deren Wissen – an andere Verlagshäuser entweder zu untersagen oder ihn aber mit bestimmten Auflagen zu verbinden.

Man kann entsprechende Forderungen in jedem einzelnen Unternehmen durch eine *Betriebsvereinbarung* zwischen Arbeitnehmer- und Arbeitgeberseite regeln oder sie auch in die einschlägigen *Tarifverträge* aufnehmen. Denkbar ist auch eine *gesetzliche Regelung*.

Interne Betriebsvereinbarungen

Über das Problem und seine Lösungsmöglichkeiten wurde viel geredet und viel geschrieben. Geschehen ist freilich nur wenig. Das in der Regierungserklärung vom 18. 1. 1973 angekündigte *Presserechtsrahmengesetz*, in dem auch die innere Pressefreiheit verankert werden sollte, wurde bis zum Ende der sozialliberalen Koalition 1982 nicht verabschiedet.

In einigen Zeitungshäusern waren die Verleger zum Abschluß eines *Redaktionsstatuts* bereit, das die Kompetenzen zwischen Verlag und Redaktionen abgrenzt und den Journalisten gewisse Mitspracherechte sichert. (Vgl. dazu Kasten mit Auszügen aus dem Redaktionsstatut der Süddeutschen Zeitung).

Redaktionsstatute

Redaktionsstatut der „Süddeutschen Zeitung" (Auszug)

Verhältnis Redaktion – Verlag

Den redaktionellen Teil der Süddeutschen Zeitung gestaltet die Redaktion im Rahmen des Artikels 1 dieses Statuts[1] wie bisher frei und unbeeinflußt unter der Verantwortung der Chefredaktion. Der Meinungsbildung darüber dient die Redaktionskonferenz unter der Leitung des Chefredakteurs oder des Vorsitzenden der Chefredaktion oder eines Vertreters.

Die Redaktion nimmt bei ihrer Arbeit auf das Gesamtinteresse der Süddeutschen Zeitung Rücksicht; in Fragen von besonderer Bedeutung stimmen sich Redaktion und Verlagsleitung wie bisher miteinander ab und handeln einvernehmlich.

Personalentscheidungen

Der Chefredakteur und seine Stellvertreter bzw. die Mitglieder der Chefredaktion werden von der Gesellschafterversammlung des Süddeutschen Verlags bestimmt. Diese Wahl begründet der Verlag gegenüber den anderen Mitgliedern der Chefredaktion, den Ressortchefs, den leitenden Redakteuren und dem Redaktionsausschuß. Widersprechen wenigstens zwei Drittel dieser Redaktionsmitglieder, so wird die Berufung oder Abberufung nicht vorgenommen; dies gilt auch für Veränderungen innerhalb des in Satz 1 genannten Personenkreises. Der Widerspruch muß sachlich begründet sein.

Sonstige personelle Veränderungen in der Redaktion nimmt die Chefredaktion im Einvernehmen mit der Verlagsleitung und mit dem zuständigen Ressortchef nach Unterrichtung des Redaktionsausschusses vor.

Betreffen diese Veränderungen Ressortchefs und leitende Redakteure, so ist darüber hinaus die mehrheitliche Zustimmung der Gesamtheit der anderen Ressortchefs, der anderen leitenden Redakteure und des Redaktionsausschusses erforderlich.

Redaktionsausschuß

Die Redaktion der Süddeutschen Zeitung wählt alle zwei Jahre im April in geheimer Abstimmung den aus fünf Mitgliedern bestehenden Redaktionsausschuß. Der Redaktionsausschuß nimmt die in diesem Statut niedergelegten Aufgaben und Rechte wahr. Er berät die Chefredaktion bei der Wahrung von Redaktionsrechten und kann bei Differenzen innerhalb der Redaktion oder zwischen Angehörigen der Redaktion und dem Verlag vermitteln. Er kann Beschwerden oder Vorschläge von Redaktionsmitgliedern der Redaktionskonferenz, der Redaktionsversammlung oder anderen Zuständigen in Redaktion oder Verlagsleitung unterbreiten, sofern solche Beschwerden oder Vorschläge Interessen der gesamten Redaktion berühren oder wenn ein Einzelfall Ausdruck eines allgemeinen Problems ist, das jedes Redaktionsmitglied betrifft oder betreffen kann.

---

1) Artikel 1 enthält allgemeine Richtlinien über die Redaktionsarbeit und über die politische Haltung der „Süddeutschen Zeitung".

6.2.4 Neue Medien

Da alle Welt sie „neue Medien" nennt, obwohl es sich doch überwiegend bloß um neue Verteilwege handelt, wollen wir diese Bezeichnung für die in Abschnitt 4.5.5 beschriebenen neuen Techniken auch hier übernehmen. Im Prinzip müssen die Gesetzgeber von Bund (Zuständigkeit: Rundfunktechnik und Post) und Ländern (Zuständigkeit: Programminhalte und Organisationsformen) entscheiden, in wessen Hände die neuen Medien übergeben werden und wie sie verfaßt sein sollen. Vor allem steckt dahinter die Frage, ob die neuen Medien *privatwirtschaftlich* organisiert und den Gesetzen des freien Marktes unterworfen werden oder ob sie – wie auch immer – in *vergesellschafteter* Form eingerichtet werden. Weiter ist Klarheit darüber zu schaffen, ob Grenzen für die Ausweitung der Programme und der technischen Neuerungen bestimmt werden oder nicht. Letztlich ist eine Antwort auf die Frage gefordert: Ist das technisch Machbare auch sinnvoll und damit politisch erwünscht?

Neue Verteilwege

Organisationsform: Privat oder vergesellschaftet

Wenngleich in allen politischen Parteien auch Gegenmeinungen vertreten werden, kann man im großen und ganzen doch folgendes Spektrum feststellen:

Medienpolitische Vorstellungen

Die *Unionsparteien* sind für eine Ausweitung der Programme. Nach ihrer Meinung sollen die öffentlich-rechtlichen Rundfunkanstalten Konkurrenz bekommen, und zwar durch kommerzielle Unternehmen. Konkret unterstützen CDU und CSU das Verlangen der Verleger, Zugang zum Fernsehen zu erhalten. Gemeinsam mit Wirtschaftsverbänden und Industrie warfen Unionspolitiker bis zum Machtwechsel im Herbst 1982 der sozialliberalen Bundesregierung vor, sie habe der Einführung der neuen Technologien und überhaupt einer Neuordnung im Medienbereich Widerstand entgegengesetzt.

der Unionsparteien

Die *SPD* möchte an der publizistischen Gewaltenteilung (Presse: privat; Rundfunk: öffentlich-rechtlich) festhalten und auch bei den neuen tech-

der SPD

nischen Enwicklungen im Fernsehbereich keine kommerziellen Anbieter zulassen. Damit und mit ihrer Skepsis gegenüber Programmausweitungen im allgemeinen liegen die Sozialdemokraten auf der gleichen Linie wie der Deutsche Gewerkschaftsbund.

Medienpolitische Vorstellungen der FDP

Die *FDP* nimmt eine Zwischenposition ein. Einerseits will sie am öffentlich-rechtlichen Prinzip festhalten, andererseits ist sie bereit, bei neuen Entwicklungen auch marktorientierte Lösungen ins Auge zu fassen und insbesondere die Verleger an den neuen Medien zu beteiligen.

Bundeskanzler Helmut Kohl sagte in seiner Regierungserklärung vom 13. Oktober 1982: „Wir wollen... den Weg freigeben für die Anwendung moderner Techniken und die Entwicklung neuer Technologien, vor allem im Kommunikationswesen“.[1)]

Als ersten Schritt beschloß die Bundesregierung, die Mittel für die Verkabelung der Bundesrepublik von 410 Millionen auf eine Milliarde Mark aufzustocken. Postminister Schwarz-Schilling appellierte an die Bundesländer, Gesetze für die Anwendung der neuen Medien und für die Zulassung von Privatfunk zu verabschieden.

Landesmediengesetz Baden-Württembergs (Entwurf)

Schon im März 1982 hatte der baden-württembergische Ministerpräsident Lothar Späth (CDU) den Entwurf für ein Landesmediengesetz vorgelegt, das er als Diskussionsgrundlage für Bund und Länder gewertet wissen wollte. Diese Vorlage sieht die Zulassung privater Anbieter bei der Nutzung der neuen Medien vor. Mit Vorrang soll zudem die Verkabelung des ganzen Landes vorangetrieben werden. Als Idealziel bezeichnete Späth es bei der Vorstellung des Entwurfs, daß er als Grundlage für einen bundeseinheitlichen Mustergesetzentwurf über die neuen Medien dienen solle.

Noch ist also nicht endgültig darüber entschieden, welchen Platz die neuen Medien in der Zukunft er-

1) Zitiert nach: Süddeutsche Zeitung vom 14. 10. 1982

halten werden. Aber es gibt mehrere pragmatische Ansätze, um in Probephasen Anhaltspunkte für endgültige Beschlüsse zu gewinnen.

Klaus Brepohl, Telematik. Die Grundlage der Zukunft. Bergisch-Gladbach 1982
Dietrich Ratzke, Handbuch der neuen Medien, Stuttgart 1982.
Otto B. Roegele, Medienpolitik – und wie man sie macht, Osnabrück 1973.
Bernd Schorb, Familie am Bildschirm. Neue Medien im Alltag, Frankfurt am Main/Berlin/Wien 1982.

6.2.4.1 Kabeltechnik

Vier Pilotprojekte für Kabelhörfunk und -fernsehen

Um herauszufinden, ob die Bevölkerung an weiteren Programmen interessiert und dafür auch zu zahlen bereit ist, haben die Ministerpräsidenten der Länder vier Pilotprojekte beschlossen. Ihr Start ist für Ende 1983/Anfang 1984 geplant.

München: Die rechtliche Verantwortung für das Programm liegt beim Bayerischen Rundfunk und beim Zweiten Deutschen Fernsehen bzw. deren Aufsichtsgremien. Träger ist zwar eine GmbH; das Modell hat jedoch öffentlich-rechtlichen Charakter.

Gesellschafter sind außer den beiden Rundfunkanstalten BR und ZDF der Freistaat Bayern, die Landeshauptstadt München, die Industrie- und Handelskammer, die Verleger und die Filmwirtschaft. Angeboten werden zahlreiche in München schlecht oder gar nicht empfangbare Sender, darunter auch ausländische. Außerdem gibt es Abrufdienste und ein Lokalprogramm. Für den Hörfunk ist ein ganzer Kanal reserviert, der 24 Programme übertragen kann. Man rechnet mit 10000 angeschlossenen Haushalten.

Ludwigshafen: Die Besonderheit des auf einem rheinland-pfälzischen Landesgesetz basierenden Projekts besteht darin, daß hier auch private Anbieter – im Gegensatz zu den öffentlich-rechtlichen

Konstruktionen der anderen Pilotprojekte – in eigener Verantwortung senden können. Es handelt sich also um eine Teilkommerzialisierung. Die Ausgewogenheit des Programms wird nicht vom einzelnen Anbieter verlangt. Ein von mehreren gesellschaftlichen Gruppen beschicktes Aufsichtsgremium hat das Recht, bei fehlender Ausgewogenheit des Gesamtprogramms Auflagen zu machen oder gar eine Beteiligung zu untersagen.

Alle vier Versuche bringen eine Ausweitung der Programme

Im Rahmen des Projekts plant der Bundesverband Deutscher Zeitungsverleger (BDZV) zusammen mit der örtlichen Lokalzeitung „Rheinpfalz" ein Lokalprogramm. Das ZDF liefert ein Musik-, der SWF ein Bildungsprogramm. Außerdem wollen sich mehrere Industrie- und Wirtschaftsverbände mit eigenen Programmen beteiligen. Geschäftsführer des Projekts ist der ehemalige BDZV-Geschäftsführer Claus Detjen.

Dortmund: Bei dem rein öffentlich-rechtlichen Modellversuch sind private Anbieter ausgeschlossen. Die Verantwortung liegt beim Westdeutschen Rundfunk und beim Zweiten Deutschen Fernsehen. Werbung ist im Gesetzentwurf nicht vorgesehen, weil das örtliche Anzeigenaufkommen der Lokalpresse vorbehalten bleiben soll. Angeboten werden außer den ortsüblich empfangbaren sogenannte Versuchsprogramme einschließlich je eines Offenen Kanals (Hörfunk und Fernsehen), mit dem Versuchsteilnehmer bestimmte Rückmeldungsmöglichkeiten haben. Abstimmungen, Wahlen und Meinungsumfragen mit dem Rückkanal sind verboten. Hinzu kommen Bildschirmtext und Videotext. Die Zahl der Teilnehmer am Modellversuch wird von Experten festglegt.

Berlin: Vorgesehen ist eine öffentlich-rechtliche Trägerschaft, wobei den Verlegern auf dem Wege eines Vertrags eine Berücksichtigung bei Auftragsproduktionen zugesichert werden soll. Geplant ist die Übernahme der Programme von ARD und ZDF sowie ein eigenes Lokal-Programm. Ob ein Offener

Kanal eingerichtet wird, ist noch unklar. Hinzu kommen Bildschirmtext und Videotext. Man rechnet in Berlin mit 10 000 Teilnehmern.

6.2.4.2 Satelliten

Technisch problemlos, rechtlich und politisch umstritten

In diesem Bereich herrscht noch wenig Klarheit darüber, welcher Weg beschritten wird. Zwar sind die technischen Fragen im wesentlichen gelöst; aber es gilt *juristische* und *politische* Fragen zu beantworten, u.a. sind auch – wegen des grenzüberschreitenden Charakters der Sendungen – *internationale Übereinkünfte* notwendig. Der Start eines deutschen Versuchssatelliten ist für 1984 vorgesehen.

Medienexperten erwarten, daß langfristig alle wichtigen Hörfunk- und Fernsehprogramme – also z.B. ARD und ZDF – über Satelliten abgestrahlt werden. Möglich ist dann der *direkte* Empfang aus dem Weltraum oder der *indirekte* über einen Kabelanschluß. Die *bislang belegten Frequenzbereiche* könnten dann zur Verteilung regionaler und lokaler Programme verwendet werden.

6.2.4.3 Videotext

Versuchsphase verlängert

Seit Mitte 1980 wird Videotext gemeinsam von ARD und ZDF als Probelauf angeboten. Er wurde Ende 1982 von etwa 200 000 Haushalten in der Bundesrepublik und in West-Berlin genutzt. Abgesehen von Tafeln mit Nachrichten, Wetterberichten, Sportergebnissen, Tips für den Alltag usw. kann Videotext auch zur *Untertitelung* für Gehörlose und Fremdsprachenübersetzungen sowie für ergänzende Informationen zum Programm eingesetzt werden. In den letzten Jahren abgeflaut ist der Streit, ob Videotext wegen der Art der Übermittlung zum Rundfunk oder als „Bildschirmzeitung“ zur Presse gehört.

6.2.4.4 Bildschirmtext

Seit 1980 gibt es in Berlin und Düsseldorf Versuche mit dieser Form der elektronischen Textübermittlung. Dabei entwickelten sich die Teilnehmerzahlen nur zögernd; in beiden Städten waren es 1982 rund 5000. Aber Handel, Versicherungen, Kreditwirtschaft und andere *Anbieter* (so zum Beispiel Statistisches Bundesamt, Kirchen, Verlage) baten bei der Bundespost um Aufnahme in die Speicher.

Mitte 1984 soll Bildschirmtext bundesweit eingeführt werden. Über den Telefon-Anschluß sind die Teilnehmer dann mit einem Großcomputer der Bundespost verbunden, in dem *Millionen von Bildschirmtext-Seiten* elektronisch gespeichert werden können.

7 Weitere Massenmedien

7.1 Film

„Der begossene Rasensprenger“

Ein Gärtner begießt seine Blumen mit dem Schlauch. Als ein frecher Knabe sich daraufstellt und das Wasser plötzlich wegbleibt, schaut der Gärtner erstaunt in das Rohr. Da tritt der Knabe beiseite, und der Gärtner bekommt das ganze Wasser ins Gesicht. Voller Wut rennt er hinter dem Frechling her und gibt ihm eine Ohrfeige. Die kurze Szene flimmerte am 28. Dezember 1895 im Pariser Kellerlokal „Indischer Salon“ vor 35 Zuschauern über die Leinwand. „Der begossene Rasensprenger“ (L'arroseur arrosé) war der *erste inszenierte Film*, seine Vorführung im „Indischen Salon“ die *erste Kinovorstellung* in der Filmgeschichte.

Plakat aus den Anfangszeiten des Films

Wie die Bilder laufen lernten

Dem *Kinematographen* der Familie Lumière aus Lyon waren viele Versuche vorausgegangen, die Bilder laufen zu lehren: Der Jesuitenpater Athanasius Kircher projizierte um die Mitte des 17. Jahrhunderts bereits gemalte Glasbilder, die er mit Hilfe eines Rades in schneller Abfolge an den Augen des Betrachters vorüberziehen ließ. Bewegte Guckkasten- und Laterna magica-Bilder gehörten bald darauf zu den Jahrmarktattraktionen.

Phantaskop, Thaumatrop, Phaenakitiskop, Elektrotachyskop, Praxinoskop sind einige Vorläufer des Kinematographen; Thomas A. Edisons *Kinetograph* und *Kinetoskop* sowie das *Bioskop* des Berliners Max Skladanowsky sind technische Zeitgenossen der Erfindung der Lumières.

Die Lumières ließen 16 Bilder in der Sekunde ablaufen. Die heutigen 35 mm Normaltonfilme werden mit 24 Bildern je Sekunde abgespielt, beim Fernsehen mit 25 Bildern je Sekunde.

Kinobesucherzahlen gingen durch Fernsehen zurück

Durch das „Pantoffelkino“ hat der Besuch der Filmtheater und ihre Anzahl stark abgenommen. 1956 ging nach der Statistik jeder Einwohner noch 15,6 mal ins Kino. Die Vergleichszahl für 1975 lautet auf 2,1 mal. Von den 6950 Kinos des Jahres 1960 haben rund 4000 die Kassen geschlossen. 1977 gab es noch 3072 Filmtheater.

Seitdem zeigt die Zahl der Besucher und der Kinos wieder steigende Tendenz. Für 1981 verzeichnete die Statistik 3553 Kinos, die 1981 141,3 Millionen Besucher registrierten.

Das Massenmedium Film ruht *wirtschaftlich* und *organisatorisch* auf der Arbeit dreier Gruppen: 1. der Filmproduzenten, 2. der Filmverleiher und 3. der Filmtheater (Kinos). Oft ist die Verleihfirma bereits finanziell an der Produktion des Films beteiligt.

Der Verleiher schließt mit dem Produzenten einen Lizenzvertrag, der die Auswertung des Films für festgelegte Lizenzgebiete regelt. Der Verleiher vermietet den Film an die Filmtheater. Als Filmmiete führt das Filmtheater an den Filmverleih rund 40 Prozent vom Netto-Einspielergebnis ab. Davon behält der Verleih etwa ein Viertel als Verleihspesen, der Rest geht an den Produzenten.

Filme werden in der Bundesrepublik Deutschland von kleinen Firmen hergestellt – im Unterschied zu den USA, Frankreich und Italien, wo es eine große Filmindustrie gibt.

Filmförderung in der Bundesrepublik Deutschland

Um Qualität und Konkurrenzfähigkeit des deutschen Films zu stärken, besteht in der Bundesrepublik auf gesetzlicher Grundlage eine hinsichtlich ihrer Vergaberichtlinien umstrittene *Filmförderung*; sie finanziert sich vor allem aus einer auf jeder Kinokarte lastenden Abgabe an die Filmförderungsanstalt.

Auf Grund einer Jury-Entscheidung vergibt der Bundesinnenminister jährlich *Bundesfilmpreise* in Höhe von rund 2,5 Mio. Mark; der höchste Preis, die „Goldene Schale“, bringt 500 000 Mark. Weitere 2,5 Mio. Mark gehen in die direkte *Filmproduktionsförderung*, insgesamt eine halbe Mio. erhalten Kinos als Auszeichnung für gute Jahresprogramme. Außerdem gibt der Bundesinnenminister Prämien an Verleihfirmen (300 000 DM) und Zuschüsse für filmwissenschaftliche und filmkundliche Projekte wie die Westdeutschen Kurzfilmtage in Oberhausen und die Internationale Filmwoche Mannheim. 1976 bis 1982 flossen rund 40 Millionen Mark an staatlichen Mitteln in die kulturelle und wirtschaftliche Filmförderung.

Auch Bundesländer fördern Filmwirtschaft

Hinzu kommen Mittel, die einige *Bundesländer* bereitstellen. So verleiht der Freistaat Bayern seit 1979 den Bayerischen Filmpreis. Dafür stehen jährlich 250 000 Mark zur Verfügung. Das Land Berlin stellt dem Kuratorium junger deutscher Film seit 1978 jährlich 400 000 Mark für die Herstellung von Kinder- und Jugendfilmen zur Verfügung. Im Etat der Hansestadt Hamburg sind seit 1980 jährlich drei Millionen Mark für Zwecke kultureller Filmförderung einschließlich Festivals vorgesehen. Das

Land Nordrhein-Westfalen wies im Haushalt 1981 zwei Millionen für kulturelle Filmförderung aus.

Die Förderpolitik führte dazu, daß die Funktionen von Autor, Regisseur und Produzent verändert wurden. Sehr oft ist der Autor sein eigener Produzent und Regisseur.

Film und Fernsehen arbeiten zusammen

Seit 1973 gibt es eine *Zusammenarbeit zwischen Film und Fernsehen*. ARD und ZDF ließen sich die Kooperation mit dem Film insgesamt 123 Millionen Mark kosten.[1] Die Zusammenarbeit sieht in der Regel so aus, daß das Fernsehen die Herstellungskosten ganz oder zu einem erheblichen Teil trägt. Der Film läuft nach Fertigstellung zunächst zwei Jahre in den Kinos, ehe er ins Fernsehen kommt. Der erste deutsche Film, der einen Oscar gewann, Schlöndorffs „Blechtrommel", war in Kooperation mit dem Fernsehen gedreht worden und hatte eine Prämie der Filmförderung erhalten.

Von der *Vergnügungssteuer* befreit ist die Vorführung von Filmen, die ein Prädikat („Wertvoll", „Besonders wertvoll") der 1951 von den Ländern gegründeten Filmbewertungsstelle Wiesbaden (FBW) tragen; es genügt für die Steuerbefreiung, daß der Beifilm das Prädikat hat.

Jugendschutz

Die Entscheidungen der *Freiwilligen Selbstkontrolle der Filmwirtschaft (FSK)* haben vor allem auf dem Gebiet des Jugendschutzes Bedeutung durch die nach Alter (6, 12, 16, 18 Jahre) abgestufte Film-Freigabe. Die FSK entscheidet auch über die Freigabe für „stille Feiertage" und prüft Aushangfotos und Plakate.

Fischer Film Almanach 1982. Filme, Festivals, Tendenzen, Frankfurt am Main 1982.
Dieter Krusche, Reclams Filmführer. 5., neu bearbeitete und erweiterte Auflage, Stuttgart 1982.
Günther Pflaum, Jahrbuch Film. Erscheint jährlich.

1) *Heinz Ungureit*, Zusammenarbeit Film/Fernsehen: Vereinigung des Unvereinbaren? In: Media Perspektiven 8/1982.

7.2 Schallplatte und Musikkassette

Ihren 100. Geburtstag beging die Schallplattenindustrie 1977 unter dem Motto „100 Jahre Kulturträger"; denn am 18. Juli 1877 gelang dem Erfinder Thomas Alva Edison zum ersten Mal (auf einer mit Stanniol bespannten Stahlwalze) eine Tonaufzeichnung. Die Schallplatte selbst ist eine Erfindung Emile Berliners aus dem Jahre 1887; erst gegen 1910 verdrängt sie endgültig die ursprünglich dominierende Walze.

Der heute verwendete Schallplattentyp geht auf das Jahr 1948 zurück. Damals kamen die ersten *Kunststoff-Platten* auf den Markt und begannen, die mit 78 Umdrehungen pro Minute laufenden *Schellack-Platten* abzulösen; *Stereoplatten* gibt es seit 1958.

Die jüngste Neuerung ist die *Digitalplatte* mit Laserabtastung, die den herkömmlichen Platten hinsichtlich Übertragungsqualität und Haltbarkeit

Größenvergleich: Rechts die neue Digitalplatte, auch „compact disc" genannt, links eine herkömmliche Langspielplatte.

überlegen ist. Da zum Abspielen neuartige Geräte benötigt werden, wird sie wohl erst allmählich Verbreitung finden. Nach optimistischen Schätzungen der Industrie könnte der Technologiewechsel bis 1995 abgeschlossen sein.

Schallplattenmarkt

1981 wurden in der Bundesrepublik Deutschland 111 Millionen Langspielplatten sowie je 47 Millionen Singleplatten und Musikkassetten gekauft. Etwa 8,5 Prozent der Langspielplatten und der Kassetten beträgt der Anteil an klassischer Musik.

Ein Problem für die einschlägige Industrie hat sich daraus entwickelt, daß immer mehr Kunden ihre Musik nicht mehr kaufen, sondern mitschneiden. Man schätzt, daß mehr Musik zum Nulltarif kopiert wird als der Handel verkauft.

Kein Wunder, daß *Leerkassetten* der Kassenschlager des Jahres 1982 waren. *Bespielte* Kassetten ließen sich nur an den Mann bringen, wenn sie unwesentlich teurer als unbespielte waren.

Kurt Blaukopf, Massenmedium Schallplatte. Die Stellung des Tonträgers in der Kultursoziologie und Kulturstatistik, Wiesbaden 1977.
Walter Haas, Das Jahrhundert der Schallplatte. Eine Geschichte der Phonographie, Bielefeld 1978.

7.3 Buch

Erfolgreiches Massenmedium: Das Buch

1981 kamen in der Bundesrepublik Deutschland 59168 Titel erstmals auf den Markt, was im Vergleich zum Vorjahr eine Abnahme um 12 Prozent ausmachte. Diese Entwicklung war insofern untypisch, als bis dahin die Buchproduktion von Jahr zu Jahr gestiegen war.

1951 hatte die Statistik nur 14094 Titel erfaßt. 20 Prozent der Neuerscheinungen gehören zum Bereich der *Belletristik*, also Dichtung und Unterhaltung, den Rest machen *Sach- und Fachbücher* aus. Rund 6500 Werke davon sind Übersetzungen aus 48 Sprachen.

Jeder siebte Titel erschien 1981 als *Taschenbuch*. Bei 64 Prozent handelte es sich um eine Erstauflage, bei 36 Prozent um eine Neuauflage. Jedes dritte Taschenbuch wurde zur Belletristik gerechnet.

Die ersten Taschenbücher

Zwar gab es schon im Mittelalter handliche „Beutelbücher", und die kleinen Bändchen der Reclam-Universalbibliothek (gegründet 1867) lassen sich ebenfalls zu den Taschenbüchern zählen, aber die eigentliche Geschichte des Taschenbuchs begann für Deutschland im Jahr 1946: der Verleger Ernst Rowohlt ließ seine Rowohlt-Rotations-Romane auf Zeitungspapier drucken; 1950 stellte er auf die Produktion der rororo-Taschenbücher um. Band Nr. 1 (für DM 1,50) war Hans Falladas Roman „Kleiner Mann, was nun?"

Zu den erfolgreichsten Taschenbüchern gehören Friedrich Dürrenmatts Kriminalroman „Der Richter und sein Henker" (rororo), das „Tagebuch der Anne Frank" (Fischer), Bertold Brechts Schauspiel „Mutter Courage und ihre Kinder", Ephraim Kishons Satiren „Drehen Sie sich um, Frau Lot" (dtv/Ullstein) und der „dtv-Atlas zur Weltgeschichte", von denen jeweils mehr als eine Mio. Exemplare verkauft wurden.

Konzentration im Verlangswesen

Auch bei Taschenbuch-Verlagen ist zu beobachten, was für das deutsche Verlagswesen überhaupt gilt: Vertraute Verlagsnamen und die mit ihnen verbundenen Programme bestehen zwar weiter, haben aber ihre Eigenständigkeit verloren, weil sie im Zuge der *Konzentration im Verlagswesen* von einem der Großen aufgekauft worden sind, oder sind in ihrer Eigenständigkeit bedroht.

Buchgemeinschaften

5,5 Millionen Bundesbürger beziehen regelmäßig Bücher, Schallplatten und Musikkassetten von *Buchgemeinschaften*. Die meisten Kunden betreut der Bertelsmann-Konzern, nämlich rund 3 Millionen. Der Deutsche Bücherbund hat 1,2 Millionen Mitglieder.[1] Daneben gibt es kleinere Buchgemein-

1) Quelle: *Walter Hömberg/Florian Tielebier-Langenscheidt*, Verlag, Buchhandel und Bibliothek. In: Literaturwissenschaft. Grundkurs 2. Herausgegeben von Helmut Brackert und Jörn Stückrath. Reinbek bei Hamburg 1981, S. 194 – 213.

schaften wie die Deutsche Buchgemeinschaft, die gewerkschaftliche „Büchergilde Gutenberg“ und die „Wissenschaftliche Buchgesellschaft“.

Verdienstspannen und Honorare

Bei den Buchhandlungen beträgt die *Verdienstspanne* im Gesamtdurchschnitt 28 Prozent vom Ladenpreis. Der *Anteil des Verfassers* schwankt zwischen etwa fünf und 15 Prozent vom Ladenpreis – je nach Buchtyp (bei Taschenbüchern und Paperbacks weniger, solchen mit festem Einband, sog. Hardcovers, mehr), Buchgattung (bei Sachbüchern weniger, bei Belletristik mehr) und Prominenz des Autors. Vier von fünf Erwachsenen lesen mindestens einmal im Monat in einem Buch.

Bücher kann man nicht nur kaufen, sondern auch in *Büchereien und Bibliotheken* aller Art kostenlos oder gegen geringe Gebühr ausleihen.

Bertelsmann Texte 7, Buch und Lesen, Gütersloh 1978.
Buch und Buchhandel in Zahlen. Herausgegeben vom Börsenverein des deutschen Buchhandels, Frankfurt am Main 1982.
Heinrich Pleticha/Deutsche Lesegesellschaft e.V. (Hrsg.), Anstiftung zum Lesen. Weiterkommen durch Bücher, Ravensburg 1982.

7.4 Groschenheft

Man kann die Groschenhefte, die inzwischen eher zwei Mark und mehr kosten, unterteilen in *Romanhefte* und *Comics*.

Flucht aus dem Alltag

Ähnlich wie die meisten Filme sollen die *Liebes-, Landser-, Western- und Detektivgeschichten* in den Romanheften den Ausflug aus der Wirklichkeit in eine alltagsferne Welt ermöglichen. Je nach Hefttyp werden romantische oder aggressive Gefühle angesprochen bzw. geweckt und für kurze Zeit zum Schein befriedigt. Groschenhefte sollen in jeder Situation ohne Anstrengung zu lesen sein; die Handlung steht im Mittelpunkt, nicht ihre sprachlich-literarische Bewältigung. Jeder vierte Erwachsene liest Groschenhefte.

Comics sind Geschichten, die vor allem durch Bilder erzählt werden; erläuternde Sätze und Redesätze (in „Sprechblasen“) ergänzen die Bilder. Comics haben ihre größte Leserschaft unter den Kindern; mindestens vier von fünf Kindern lesen Comic-Hefte. Auch auf den erwachsenen Leser zielen neben „Asterix“ unter anderen eine zunehmende Zahl von Gewalt- und Grusel-Comics.

Comics: Leser sind Kinder und Erwachsene

Nicht nur die meisten Comic-Vorlagen stammen aus den USA, sondern auch der Comic-Typ selbst: 1897 erschienen in der amerikanischen Zeitung „Journal“ zum erstenmal die „Katzenjammer Kids“; ihre Vorbilder waren Wilhelm Buschs „Max und Moritz“, die der Verleger Randolph Hearst auf einer Europa-Reise gesehen hatte. Erst mit den amerikanischen Soldaten kamen seit 1945 Donald Duck, Superman und Blondie nach Deutschland.

„Unsittliche, verrohend wirkende, zu Gewalttätigkeit, Verbrechen oder Rassenhaß anreizende sowie den Krieg verherrlichende Schriften“ sollen nach dem *Gesetz über die Verbreitung jugendgefährdender Schriften* nicht in die Hände von Kindern und Jugendlichen kommen.

Bundesprüfstelle indiziert jugendgefährdende Schriften

Die auf Grund dieses Gesetzes eingerichtete *Bundesprüfstelle* in Bonn, die jugendgefährdende Schriften in eine Indizierungsliste aufnehmen soll, wird auf Antrag der für Jugendfragen zuständigen Landes- und Bundesministerien und der rund 600 Jugendämter tätig.

Wolfgang J. Fuchs/Reinhold C. Reitberger, Comics-Handbuch, Reinbek bei Hamburg 1978.
Peter Nusser, Romane für die Unterschicht. Groschenromane und ihre Leser, Stuttgart 1973.

7.5 Plakat

Wirtschaftswerbung, Propaganda, Bekanntmachungen

Neben der Wirtschaftswerbung dient das Plakat, vor allem in Wahlkampfzeiten, auch der politischen Propaganda sowie amtlichen Bekanntmachungen. In fast 12000 von 14400 Städten und Gemeinden finden sich rund 200000 *Anschlagstellen*. 1855 ließ der Berliner Drucker Ernst Theodor Amadeus Litfaß die ersten Plakatsäulen errichten, um das wilde Zettelankleben einzudämmen; die Idee hatte er aus Paris übernommen. Wie aktuell das Plakat auch für den politischen Meinungskampf geblieben ist, beweisen die *Wandzeitungen* während der chinesischen Kulturrevolution des Jahres 1967 und ein Jahr später im Widerstand der Tschechen gegen den Einmarsch sowjetischer Truppen.

Statt dem Aushang auf der Straße dient das *Poster* der Dekoration von Räumen. Neben ästhetisch-

Ein „Klassiker“ von Klaus Staeck, für den Bundestagswahlkampf 1972 ohne Parteiauftrag entworfen.

selbstzweckhaften oder komischen Motiven hat es auch politische Aussagen als Inhalt.

Den bisher größten Erfolg in der Bundesrepublik erzielte mit *Polit-Graphik* Klaus Staeck. Ursprünglich Galerist, Maler, Verfertiger von Collagen und Objekten erkannte Staeck Anfang der 70er Jahre: „Der Galerie-Weg ist ein Irrweg. Denn die Leute, die ich erreichen will, betreten nie eine Galerie. Und wenn sie kommen, dann sagen sie: ‚Fünf Mark würde ich vielleicht für das Blatt ausgeben, aber nicht 100!'". Staeck agitiert nicht nur mit Plakaten, sondern auch mit Postkarten, Aufklebern und in Ausstellungen.

Agitation mit Plakaten, Postkarten und Aufklebern

Anton Sailer, Das Plakat, München 1971.
Klaus Staeck/Dieter Adelmann, Die Kunst findet nicht im Saale statt – Politische Plakate, Reinbek bei Hamburg 1976.
Max Gallo, Geschichte der Plakate, Herrsching 1975.

Fachzeitschriften und Fachkorrespondenzen

Die Feder, Hrsg.: Industriegewerkschaft Druck und Papier. Verlag K. Sasse, Rotenburg/Wümme. Monatlich.

Fernsehen und Bildung. Internationale Zeitschrift für Medienpsychologie und Medienpraxis. Hrsg.: Internationales Zentralinstitut für das Jugend- und Bildungsfernsehen. Verlag K.G. Saur, München/New York/London/Paris. Drei Nummern pro Jahr.

HFF, Hörfunk, Fernsehen, Film. Hrsg.: Rundfunk-Fernseh-Film-Union in der Gewerkschaft Kunst im DGB, München. Monatlich.

Journalist. Organ des Deutschen Journalisten-Verbandes. Verlag Rommerskirchen, Remagen-Rolandseck. Monatlich.

Media Perspektiven. Hrsg.: Arbeitsgemeinschaft Rundfunkwerbung, Frankfurt am Main. Monatlich.

Medium. Zeitschrift für Hörfunk, Fernsehen, Film, Presse. Hrsg.: Gemeinschaftswerk der evangelischen Publizistik, Frankfurt am Main. Monatlich.

Publizistik. Vierteljahreshefte für Kommunikationsforschung. Hrsg.: Wilmont Haacke, Wolfgang R. Langenbucher, Franz Ronneberger. Universitätsverlag Konstanz.

Rundfunk und Fernsehen. Wissenschaftliche Vierteljahreszeitschrift. Verlag Hans-Bredow-Institut, Hamburg.

Funk-Korrespondenz. Hrsg.: Katholisches Institut für Medieninformation, Köln. Wöchentlich.

Kirche und Rundfunk. Hrsg.: Gemeinschaftswerk der evangelischen Publizistik, Frankfurt am Main. Wöchentlich.

Die Zeitung. Nachrichten und Meinungen zur Medienpolitik. Hrsg.: Hans Stiff und Alfred Neven Du Mont. Bonner Zeitungsdruckerei und Verlagsanstalt, Bonn. Monatlich.

Stichwortverzeichnis